EL ACUERDO DE COMERCIO Y COOPERACIÓN ENTRE LA UNIÓN EUROPEA Y EL REINO UNIDO

Carmen Otero García-Castrillón
Julio A. García López
(Coordinadores)

EL ACUERDO DE COMERCIO Y COOPERACIÓN ENTRE LA UNIÓN EUROPEA Y EL REINO UNIDO

Dykinson, S. L.

Esta obra se enmarca en los trabajos del Grupo de Investigación UCM "Derecho y Economía del Comercio Internacional" (DECI), núm. 970836.

Este libro ha sido sometido a evaluación por parte de nuestro Consejo Editorial
Para mayor información, véase www.dykinson.com/quienes_somos

Editorial DYKINSON, S.L. Meléndez Valdés, 61 - 28015 Madrid
Teléfono (+34) 91 544 28 46 - (+34) 91 544 28 69
e-mail: info@dykinson.com
http://www.dykinson.es
http://www.dykinson.com

ISBN: 978-84-1122-147-4
Depósito Legal: M-5902-2022

Maquetación:
german.balaguer@gmail.com

ÍNDICE

PRÓLOGO

CARMEN OTERO GARCÍA-CASTRILLÓN Y JULIO A. GARCÍA LÓPEZ
Universidad Complutense de Madrid

La obra que tiene entre sus manos recoge buena parte de las presentaciones que se realizaron el 16 se abril de 2021 en un seminario internacional en línea organizado desde la Universidad Complutense de Madrid por el Grupo de Investigación UCM "Derecho y Economía del Comercio Internacional", que co-dirigimos Julio A. García López y Carmen Otero García-Castrillón desde 2018. En la línea de los trabajos de este Grupo, continuando la trayectoria iniciada en 2019 con el seminario internacional sobre "La reforma de la Organización Mundial del Comercio (OMC)" y tras un más que complicado año 2020, el seminario tuvo como objetivo adentrarse en el Acuerdo de Comercio y Cooperación (ACC)[1] celebrado, casi *in extremis*, en el mes de diciembre de 2020 entre la Unión Europea y el Reino Unido tras el abandono de este país del bloque integracionista europeo.

La necesaria reconstrucción de las relaciones comerciales entre la Unión Europea y el Reino Unido supone que éste país pasa de ser Estado miembro a contar con un acuerdo bilateral de libre comercio de nueva generación bajo la cobertura de la OMC. Tras unas largas y complejas negociaciones, el 24 de diciembre de 2020 se logró la firma de dicho

---

1 Acuerdo de Comercio y Cooperación entre la Unión Europea y la Comunidad Europea de la Energía Atómica, por una parte, y el Reino Unido de Gran Bretaña e Irlanda del Norte, por otra , *DOUE* L 149/10, 30.4.2021.

tratado bilateral. Este acuerdo de "último minuto" gobierna las nuevas relaciones comerciales entre quienes fueron socios.

El ACC es un único acuerdo que se construye sobre tres pilares: 1. El acuerdo de libre comercio que alcanza la cooperación económica, social, medioambiental y en materia de pesca; 2. Una asociación estrecha en materia de seguridad ciudadana y, 3. Una estructura de gobernanza global que incluye órganos de decisión y supervisión (comités y grupos de especializados), así como un sistema propio de solución de diferencias.

La aplicación del ACC comenzó con carácter provisional en enero de 2021. Inicialmente, esta provisionalidad debía concluir a finales de febrero. Sin embargo, hubo de ser prolongada hasta el 31 de abril para dar tiempo a la traducción del texto a los 24 idiomas de la UE. Por lo demás, las tensiones en las relaciones bilaterales amenazaron la definitiva entrada en vigor del Acuerdo. Así, las medidas adoptadas por la Unión en lo que concierne al suministro de vacunas para el COVID-19 amenazaron con restringir las exportaciones al Reino Unido –e incluso a los Estados Unidos– mediante la denegación de las necesarias autorizaciones de exportación. Esto motivó declaraciones en las que, por ejemplo, se manifestaba que este tipo de movimientos "podría encender una guerra comercial" o que "los bloqueos no eran sensatos". Afortunadamente, la cuestión se enfrió con la publicación, el 24 de marzo, de una Declaración conjunta en la que se señalaba que ambas partes trabajaban para asegurar una relación recíprocamente beneficiosa entre ellas[2].

Por otra parte, el 13 de abril, la Conferencia de Presidentes del Parlamento Europeo decidió no fijar una fecha para someter a aprobación en el plenario el ACC con el fin de destacar que era necesario que "el Reino Unido implementara plenamente el Acuerdo de Salida". Y ello, después de que la Comisión Europea anunciara, a finales de marzo, el inicio de un procedimiento de infracción debido al incumplimiento de este país del Protocolo de este Acuerdo relativo a Irlanda del Norte al retrasar unilateralmente la plena aplicación del Derecho de la Unión tal

2 https://ec.europa.eu/commission/presscorner/detail/en/statement_21_1387. Visitado en octubre 2021.

y como había sido acordado. Esto llovía sobre mojado pues, en octubre de 2020, ya se había iniciado un procedimiento por la misma causa que, finalmente, fue frenado en el momento en el que el Reino Unido eliminó algunos preceptos de su normativa sobre el mercado interior que hubieran permitido a sus ministros decidir unilateralmente escapar de la aplicación de algunos compromisos fijados en el Protocolo. No obstante, el 15 de abril, en sendas reuniones extraordinarias de los Comités de relaciones internacionales y de comercio del Parlamento Europeo se decidió, por una mayoría abrumadora, apoyar la aprobación del acuerdo, que, finalmente, fue ratificado y entró en vigor de forma definitiva el 1 de mayo de 2021.

En este escenario, el seminario ofreció una aproximación –que creímos necesaria– al nuevo marco de las relaciones bilaterales entre estos bien conocidos vecinos, así como al sistema de solución de controversias con el que se han dotado. Además, la concienciación sobre de las implicaciones jurídicas de este nuevo régimen para la economía y los operadores españoles resultaba muy conveniente dados los números de las exportaciones españolas. Todo ello, sin perder de vista de las implicaciones sobre los debates acerca del futuro de la OMC, cuya modernización parece una demanda generalizada.

Como oradores, contamos con reconocidos expertos en la materia, comenzando con Ignacio Iruarrizaga Díez, Jefe de Unidad responsable de Europa y la Asociación Oriental en la Dirección General de Comercio de la Comisión Europea; y continuando con Elisa Baroncini, catedrática de Derecho internacional de la Universidad de Bolonia; Juan Francisco Martínez García, Director General de Política Comercial de Secretaría de Estado de Comercio, Ministerio de Industria, Comercio y Turismo, y, finalmente, Gary N. Horlick, abogado y profesor visitante de la Universidad de Georgetown. Con el fin de contribuir a la difusión de este seminario, tenemos la satisfacción de contar por escrito con las ponencias presentadas por Juan Francisco Martínez García y Gary Horlick. Carmen Otero García-Castrillón realiza la presentación del Acuerdo. Además, abundando en algunas cuestiones relevantes, hemos querido incorporar a esta publicación dos contribuciones sectoriales, que ayudan a reforzar el objetivo del seminario, realizadas por Lidia Moreno Blesa y Pilar Vargas Martínez, profesoras de la Facultad de Derecho de la UCM.

Siguiendo la estructura inicial del seminario, en esta obra recoge, en primer término, una aproximación general al Acuerdo. A continuación, se han introducido las mencionadas contribuciones sectoriales, centradas respectivamente en materia de energía y de protección de datos personales, trayendo a colación el sistema de solución de diferencias. Para finalizar, a la vista del Acuerdo, se presenta el análisis, por una parte, de la perspectiva española y, por otra, de la situación internacional general de los intercambios comerciales internacionales.

Queremos dejar testimonio de nuestra gratitud a los ponentes y a los autores de esta obra por su generosidad, tanto con su conocimiento y experiencia como con su tiempo. Asimismo, agradecemos el interés de todos los que participaron en el seminario, cuyo impulso explica que esta obra pueda ver finalmente la luz.

LISTA DE ABREVIATURAS

AI	Acuerdo sobre inversiones (Parte II, Título II, Capítulo 2)
ACC	Acuerdo de comercio y cooperación entre la Unión Europea y la Comunidad Europea de la Energía Atómica y el Reino Unido de Gran Bretaña e Irlanda del Norte
ACP	Acuerdo sobre Compras Públicas de la OMC
AfCFTA	*African Continental Free Trade Area*
ADPIC	Acuerdo sobre los Derechos de Propiedad Intelectual relacionados con el Comercio
AS	Acuerdo sobre servicios (Parte II, Título II, Capítulo 3)
ASEAN	*Association of Southeast Asian Nations*
BTC	Barreras técnicas al comercio
CA	Consejo de Asociación
CAC	Comité de Asociación Comercial
CPTPP	*Comprehensive and Progressive Agreement for Trans-Pacific Partnership*
CEDH	Convenio Europeo para la protección de los Derechos Humanos y Libertades Fundamentales
FTA	*Free Trade Agreement*
GDP	*Gross Domestic Product*
IN	Irlanda del Norte

LPF	*Level playing field*
MAE	Ministerio de Asuntos Exteriores, Unión Europea y Cooperación
MSF	Medidas sanitarias y fitosanitarias
NAFTA	North America Free Trade Agreement
OEA	Operadores Económicos Autorizados
OIT	Organización Internacional del Trabajo
OMC	Organización Mundial de Comercio
PE	Parlamento Europeo
PTA	*Preferential Trade Agreements*
RCEP	*Regional Comprehensive Economic Agreement*
RGPD	Reglamento UE General de Protección de Datos
RU	Reino Unido
TCA	*UE-UK Trade and Cooperation Agreement*
TCEE	Tratado sobre la Carta Europea de la Energía
TEDH	Tribunal Europeo de Derechos Humanos
TJUE	Tribunal de Justicia de la Unión Europea
TPP	*Trans-Pacific Partnership Agreement*
TTIP	*Trans-Atlantic Trade and Investment Partnership*
UE	Unión Europea
UK	*United Kingdom*
USA	*United States of America*
USMCA	*United States, Mexico and Canada Agreement*
WTO	*World Trade Agreement*

ACUERDO DE COMERCIO Y COOPERACIÓN ENTRE LA UNIÓN EUROPEA Y EL REINO UNIDO DE GRAN BRETAÑA E IRLANDA DEL NORTE

Carmen Otero García-Castrillón*

I. INTRODUCCIÓN

El Reino Unido (RU) se adhirió a las Comunidades Europeas en 1978, integrándose con un grupo creciente de Estados europeos en un mercado común. Este mercado fue desarrollándose bajo la cobertura de nuevos tratados internacionales dando paso a un mercado interior hasta, con los años, llegar a instituir la llamada Unión Europea (TUE). Sin embargo, a raíz de un proceso interno, en marzo de 2017 este país instó la denuncia del TUE (art. 50) y la consiguiente retirada de la organización (Brexit),

* Catedrática de Derecho internacional privado. Universidad Complutense de Madrid.

finalmente ordenada por el Acuerdo de retirada del Reino Unido e Irlanda del Norte de la UE que entró en vigor el 1 de febrero de 2020[1]. Obviamente, al abandonar la UE, el Reino Unido (RU) pasó a ser un tercer país en todas las actuaciones que conciernen a esta organización. Dicho de otro modo, ambas Partes se constituyen unidades normativas y de actuación separadas e independientes, tanto en lo que concierne al comercio de bienes y servicios, que quedarían sujetas al régimen internacional general, marcado por los Acuerdos de la Organización Mundial del Comercio (OMC)[2], como a la movilidad de trabajadores, capitales y empresas.

Tras el Brexit, resultaba imprescindible organizar las nuevas relaciones bilaterales para que fuera posible sostener, necesariamente en diferente medida, las relaciones de proximidad y cooperación que las partes habían mantenido hasta la fecha[3]. No sin dificultades, el Acuerdo de Comercio y Cooperación (ACC) se alcanzó *in extremis* el 24 de diciembre de 2020, entrando en vigor provisionalmente en enero de 2021 y, de manera definitiva, el 1 de mayo de ese mismo año[4]. Con base en el mismo se establece un régimen comercial preferencial articulado como un Acuerdo de Libre Comercio (art. 514) de nueva generación dada la diversidad de materias que abarca que, sobre la base de las amplísimas relaciones previas, exceden incluso los aspectos cubiertos habitualmente por este tipo de tratados de libre comercio[5]. Son estas

---

1 Acuerdo sobre la retirada del Reino Unido de Gran Bretaña e Irlanda del Norte de la Unión Europea y de la Comunidad Europea de la Energía Atómica, DOUE L 29, 31.1.2020. La versión modificada y consolidada, de 18.12.2020, puede encontrarse en: https://eur-lex.europa.eu/legal-content/EN/TXT/?uri=CELEX%3A02020W%2FTXT-20201218.

2 https://www.wto.org/

3 De otra forma, las Partes se hubieran visto abocadas, entre otras cosas, a imponer aranceles conforme a las normas de la OMC, cercanos al 50% en muchos productos agroalimentarios, del 10% para los automóviles, del 12% para los textiles etc. *El Acuerdo de Comercio y Cooperación entre la UE y el Reino Unido*, Ministerio de Asuntos Exteriores, UE y Cooperación, (en adelante, Informe MAE), p. 2. http://www.exteriores.gob.es/Portal/es/PoliticaExteriorCooperacion/Documents/Acuerdo%20de%20Comercio%20y%20Cooperacio%CC%81n%20UE-Reino%20Unido.pdf. Visitado en octubre 2021.

4 Acuerdo de Comercio y Cooperación entre la Unión Europea y la Comunidad Europea de la Energía Atómica, por una parte, y el Reino Unido de Gran Bretaña e Irlanda del Norte, por otra , DOUE L 149/10, 30.4.2021.

5 Los acuerdos de comercio de nueva generación son aquellos que, partiendo del establecimiento de una zona de libre comercio para mercancías, alcanzan también el

relaciones previas las que, con base en el artículo 217 del Tratado de Funcionamiento de la UE (TFUE)[6], explican que el Consejo de la UE acordase por unanimidad (art. 218) ejercer por sí mismo algunas competencias compartidas –como la coordinación de la seguridad social y los derechos de tráfico aéreo– calificando el Acuerdo como de asociación y, en consecuencia, de competencia exclusivamente comunitaria[7].

II. PRINCIPIOS Y ALCANCE

El ACC se asienta sobre normas que aseguran el respeto a los derechos fundamentales de los individuos y un conjunto de estándares elevados –equiparables entre ambas Partes contratantes (*level playing field*)[8]–, destinados a asegurar la protección laboral, social y medioambiental. En todo caso, el Acuerdo regula las relaciones entre las Partes y no establece derechos ni obligaciones para los sujetos de Derecho privado, que no podrán invocar directamente la aplicación de sus disposiciones (art. 5) sin perjuicio de que, en reiteradas ocasiones, el ACC se refiera expresamente la protección de los intereses de operadores económicos y consumidores (a título de ejemplo, en materia de transparencia, protección de datos, elección de organismos de evaluación de la conformidad etc.).

El texto se articula en torno a tres pilares; a saber:

---

comercio de servicios y cubren, además, diversidad de materias que alcanzan desde las contratación pública hasta la protección de la propiedad intelectual (*lato sensu*) y la del medio ambiente, así como aspectos relativos a la competencia y las inversiones.

6 *Vid.* versión consolidada en DOUE C 83/47, de 30/3/2010.

7 De otro modo, se hubiera requerido la intervención de los Estados miembros. Decisión del Consejo (UE) 2020/2252 de 29 de diciembre 2020, relativa a la firma, en nombre de la Unión, y la aplicación provisional del Acuerdo de Comercio y Cooperación entre la Unión Europea y la Comunidad Europea de la Energía Atómica, por una parte, y el Reino Unido de Gran Bretaña e Irlanda del Norte, por otra, y del Acuerdo entre la Unión Europea y el Reino Unido de Gran Bretaña e Irlanda del Norte relativo a los procedimientos de seguridad para el intercambio y la protección de información clasificada, DOUE L 444, 31.12.2020.

8 El concepto ("terreno de juego nivelado") se entiende referido al mantenimiento de estándares equiparables de forma que es posible la competencia entre operadores; que no se ven favorecidos o perjudicados por la situación jurídica en cada Parte. La expresión puede traducirse ampliamente como "normas para una competencia justa".

Primero: las relaciones comerciales. Lógicamente, es la parte más extensa del Acuerdo. Su contenido puede sistematizarse en dos grandes bloques: el relativo al marco para un comercio libre, justo y sostenible (que, además de la circulación de mercancías y servicios, comprende el comercio digital, la propiedad intelectual, la contratación pública y la ordenación de la competencia) y el que aborda la conectividad, sostenibilidad y las oportunidades compartidas (los transportes, la energía, así como la pesca y los recursos naturales, la coordinación de la seguridad social y la participación del RU en algunos programas de la UE).

Segundo: una asociación estrecha en materia de seguridad ciudadana intracomunitaria. Implica la cooperación judicial en materia penal, así como la protección de los derechos fundamentales y el intercambio y la protección de los datos personales y la lucha contra el lavado de moneda.

Tercero: una estructura de gobernanza global que incluye órganos de decisión (Consejo de Asociación - CA) y supervisión (comités y grupos de especializados), así como un sistema propio de solución de diferencias que da entrada a la posibilidad de adoptar medidas de retorsión.

La política y seguridad exteriores, así como la cooperación en materia de defensa, no están comprendidas en el Acuerdo ya que el RU no quiso negociar sobre esta materia. Por lo tanto, desde enero de 2021 no existe ningún mecanismo para desarrollar y coordinar entre las Partes respuestas conjuntas a los retos de la política internacional, por ejemplo, la imposición de sanciones a terceros países o a sus nacionales.

El ámbito de aplicación territorial del ACC cubre la UE y el RU, incluyendo para cuestiones comerciales y pesqueras la Isla de Mann y las Bailías de Guernesey y Jersey, pero no los territorios de ultramar ni Gibraltar (art. 774). Con respecto a Gibraltar, España y el RU anunciaron haber alcanzado un entendimiento bilateral que sentaba las bases para la futura negociación (por parte de la UE) de un Acuerdo separado para una incorporación "a medida" de este territorio en el mercado único de la UE y en el espacio Schengen[9]. Por lo demás, no debe perderse de vista

[9] El 31 de diciembre 2020, España y el RU anunciaron haber alcanzado un entendimiento bilateral que, comunicado a las instituciones europeas, ha dado lugar a una propuesta de

que Irlanda del Norte (IN) sigue formando parte del territorio aduanero de la UE conforme al Protocolo sobre Irlanda/Irlanda del Norte del Acuerdo de retirada[10]; esto es, en lo que concierne al comercio de mercancías. Así, el tráfico de bienes de IN desde o hacia la UE se rige por el DUE, mientras que las operaciones desde o hacia RU se someten a las normas especiales de dicho Protocolo. En otras palabras, IN permanece a la vez en las zonas aduaneras de la UE y del RU, si bien las mercancías británicas que llegan a IN están sujetas a las normas de la UE. La aplicación del Protocolo no ha dejado de plantear serios problemas[11].

III. ESTRUCTURA Y REVISIONES

Formalmente, el ACC está organizado en siete partes[12] y cuenta con tres protocolos[13]. Además, junto al Acuerdo se adoptaron otros instru-

---

mandato negociador aprobado por el Colegio de Comisarios en julio 2021. http://www.exteriores.gob.es/Portal/es/SalaDePrensa/Comunicados/Paginas/2021_COMUNICADOS/20210720_COMU062.aspx (visitado en septiembre 2021). Todavía se está pendiente de su aprobación por el Consejo.

10 Nota nº 1. Tras su modificación, la versión consolidada de 18/12/2020, se encuentra en el DOUE L 29, 31.1.2020.

11 Las tensiones políticas han trascendido especialmente en los meses de enero-febrero; junio-julio y octubre 2021. En síntesis, el RU, que pretende la renegociación del Protocolo, persigue la supresión al control de sus exportaciones a IN así como la imposibilidad de que el TJUE controle la aplicación del Protocolo. A octubre de 2021, el RU amenaza con suspender su aplicación alegando «dificultades económicas, sociales o ambientales» (art. 16). La UE, que ya abrió –y suspendió en julio- un expediente de infracción contra el RU por retrasos en la aplicación, no está dispuesta a la renegociación y, en todo caso, no puede aceptar la pérdida del papel institucional del TJUE. Ofrece, en cambio, simplificar todos los trámites aduaneros en IN de manera que se eliminen hasta el 80% de los controles sobre alimentos, además de reducir la carga burocrática de las operaciones.

12 Además de las normas comunes y la estructura institucional (Primera Parte), la Segunda aborda el comercio, el transporte, la pesca y otras disposiciones; la Tercera a ejecución de las normas y la cooperación judicial penal; la Cuarta la cooperación temática (sanidad y ciberseguridad), la Quinta la participación en los programas de la UE; y, por último, la Séptima incorpora las disposiciones finales.

13 Sobre cooperación administrativa y lucha contra el fraude del IVA, así como la asistencia mutua en la recuperación de impuestos; sobre la asistencia mutua en cuestiones aduaneras y sobre la coordinación de la seguridad social.

mentos bilaterales[14] y está prevista la conclusión de tantos otros como las partes consideren convenientes para complementar sus normas (arts. 2.1 y 778).

Se ha contemplado la revisión conjunta de la aplicación del ACC y sus acuerdos complementarios cada 5 años (art. 776) y, a instancia de una Parte, podrá promoverse la revisión de distintas partes del Acuerdo cada cuatro años (art. 411.4-9)[15].

También está previsto que, en el caso de que las divergencias entre las Partes en materia de protección laboral y social, medioambiental o climática, o con respecto al control de las subvenciones, fueran significativas y dieran lugar a situaciones de desequilibrio con repercusiones en el comercio o las inversiones, cualquiera de ellas pueda poner en práctica un procedimiento destinado a realizar los ajustes necesarios y proporcionados para corregir –re-equilibrar– la situación (art. 411.1-3)[16]. En todo caso, nada impide que el uso de este procedimiento pueda llegar a desencadenar el recurso al sistema de solución de diferencias.

Por lo demás, con carácter general, cualquiera de las Partes podrá poner fin al Acuerdo con un preaviso de 12 meses (art. 779) sin perjuicio de la posibilidad de terminar o suspender total o parcialmente su aplicación –de forma más rápida (30 días)– en circunstancias específicas en el marco del sistema de solución de diferencias.

IV. APLICACIÓN Y CONTROL

El ACC cuenta con una única estructura para su gobernanza (Tercer pilar - Partes 1 y 6 del texto) con el objetivo de evitar la burocracia –con

---

14 Acuerdo sobre cooperación nuclear, DOUE L 445 de 20.12.2020; Acuerdo sobre seguridad de la información. DOUE L 444 de 20.12.2020; y un número de Declaraciones Conjuntas sobre cuestiones para las que se prevé una mayor cooperación en el futuro (servicios financieros, cooperación normativa, subvenciones y las decisiones sobre adecuación).

15 El art. 411 no es aplicable a la Seguridad Social ni a las pensiones; nota 1 al art. 386.

16 En el caso de las subvenciones, estas medidas correctoras serían incompatibles con las medidas de re-equilibrio previstas en el marco del sistema de solución de diferencias (art. 374.15).

las consiguientes demoras, gastos y riesgos– y lograr el mantenimiento de una cooperación estable y duradera que facilite la mayor seguridad posible a los operadores económicos, consumidores y ciudadanos[17].

El sistema, basado en el modelo de anteriores acuerdos de comercio de la UE y en el de la propia OMC, establece el modo en el que el Acuerdo se pondrá en práctica y la forma en la que ésta se controlará. Con el fin de dotarla de flexibilidad y para atender a la diversidad de temáticas abordadas de manera que puedan alcanzarse acuerdos y mantener la vida del ACC, esta estructura centralizada cuenta con un gran número de organismos, lo que se traduce en cierta complejidad operativa, además de un elaborado sistema de solución de diferencias.

La interpretación del Acuerdo corresponde al Consejo de Asociación (art. 519.b) y a los órganos de solución de diferencias (art. 734) y habrá de realizarse de conformidad con los estándares internacionales (art. 4). En este sentido, se tendrán en cuenta los informes de los grupos especiales y del Órgano de Apelación (OA) adoptados por el Órgano de Solución de Diferencias (OSD) de la OMC (art. 516).

1. Configuración organizativa

En la cúspide de la pirámide se encuentra el Consejo de Asociación (CA), integrado por representantes –a nivel ministerial– de la UE (Comisión Europea) y del RU, que se asegurará de que el Acuerdo (y cualquiera de los acuerdos complementarios) se aplica e interpreta adecuadamente (arts. 7 y 519). En el Consejo se discutirán todas las cuestiones que puedan surgir y se adoptarán por consenso decisiones (obligatorias) –incluso relativas a modificaciones de disposiciones sustantivas del ACC– o recomendaciones (no vinculantes). Se reunirá al menos una vez al año con distintas configuraciones en función de los asuntos a tratar. Contará con el apoyo de los Comités Especializados (art. 8), en los que podrá delegar el ejercicio de algunas de sus competencias, y de los Grupos de Trabajo (art. 9). Los representantes de

---

[17] Véanse, en particular, los apartados 5, 10, 11, 12 y 21 del Preámbulo del ACC (nota nº 1).

la UE podrán ser acompañados –como parte de la delegación– por un representante de cada Estado miembro si éstos así lo desean.

Los mencionados Comités Especializados y los Grupos de Trabajo también contarán con una dirección bicéfala (representantes de la UE y del RU), se reunirán al menos una vez al año y adoptarán decisiones y/o recomendaciones por consenso. Se estructuran en una red integrada por el Comité de Asociación Comercial (CAC) y otros ocho Comités Especializados que se ocupan de las materias no comerciales (energía, seguridad aérea, transporte, aplicación de las normas, cooperación judicial y participación en programas de la UE). Del CAC dependen, a su vez, otros diez (sub)Comités Especializados en temas comerciales específicos (por ejemplo, aduanas, normas de origen, medidas sanitarias y fitosanitarias, barreras técnicas al comercio y *level playing field*). Tanto el CA como, en lo que al comercio respecta, el CAC, pueden disolver o crear los Comités Especializados que estimen pertinentes. Lo mismo podrán hacer los Comités Especializados en lo que concierne a los Grupos de Trabajo. De entrada, el ACC establece tres Grupos de Trabajo (dependientes del Comité Especializado en Barreras Técnicas al Comercio) y uno dependiente del Comité Especializado en Coordinación de la Seguridad Social.

Por lo demás, se articulan mecanismos para involucrar y hacer partícipe del ACC a la sociedad civil (arts. 12, 13 –grupos consultivos internos– y 14 –Foro de la Sociedad Civil–). Así, por ejemplo, para supervisar la correcta aplicación del ACC la UE cuenta con la cooperación de los operadores económicos y de los ciudadanos a través de sitios web en los que pueden recogerse quejas y tramitarlas debidamente[18].

Finalmente, se contempla la posibilidad de establecer una Asamblea Parlamentaria de Asociación integrada por miembros del Parlamento

[18] El formulario en línea puede encontrarse: https://ec.europa.eu/assets/sg/complaint_eu_uk_tca/complaints_en/. Para las quejas sobre la aplicación del Acuerdo por parte de un Estado miembro, el formulario se encuentra en: https://ec.europa.eu/assets/sg/report-a-breach/complaints_en/. Visitados en octubre 2021.

Europeo (PE) y del británico con el fin de intercambiar pareceres (art. 11)[19].

2. El sistema de solución de diferencias

El sistema de solución de diferencias es, como se ha dicho, horizontal y, por lo tanto, resulta aplicable prácticamente a todas las disputas o discrepancias interpretativas (art. 736)[20] excepto a las del segundo Pilar, que cuenta con un mecanismo propio a estos efectos (arts. 695-701).

De forma sintética, los procedimientos se estructuran en tres fases. En primer lugar, las Partes celebraran consultas de buena fe en el marco de los Comités Especializados o en el CA (art. 738). Si las partes no encuentran solución a sus diferencias, se podrá establecer un tribunal arbitral independiente –integrado por tres árbitros elegidos por las Partes– que solventará la cuestión de forma vinculante dentro de un plazo de hasta 6 meses (arts. 739-745).

El sistema prevé mecanismos para asegurar el cumplimiento de la sentencia arbitral (art. 746). Así, en los casos de violación del Acuerdo, la Parte debe adaptar su comportamiento a sus obligaciones de forma inmediata o dentro de un plazo prudencial (art. 747-748). De no hacerlo, se prevé la posibilidad de adoptar, de entrada, "medidas correctoras temporales" (reparación) –acordadas, o en su defecto, decididas unilateralmente– equivalentes al perjuicio causado con la infracción –como, por ejemplo, la adopción de cuotas o la imposición de aranceles– (art. 479). Estas "medidas correctoras" podrán ser revisadas en el momento en el que la Parte incumplidora ajuste su comportamiento a las obligaciones adquiridas (art. 780). En principio, las medidas se adoptarán en los sectores afectados por la violación del ACC. No obstante, si ello no

---

19 Sobre la aportación de la sociedad civil española y la puesta en funcionamiento de este sistema parlamentario en nuestro país, A.F. THATHAM, "El acuerdo con Reino Unido. Implicaciones para España", *Serie Unión Europea y Relaciones Internacionales*, nº 108/2021, Documento de Trabajo, Real Instituto Universitario de Estudios Europeos, Universidad San Pablo, CEU, pp. 10-11.

20 No incluye, por ejemplo, el Protocolo de cooperación en materia de Seguridad Social (art. 735).

fuera "factible o eficaz", cabría adoptar medidas de retorsión en sectores distintos de aquel en el que se materializó la violación del Acuerdo (cruzadas; art. 780.7).

Por lo demás, la aplicación de todo o parte[21] del ACC puede llegar a ser suspendido, e incluso terminado, en caso de incumplimientos graves y sustanciales (excepcional en su gravedad y naturaleza, amenazar la paz o la seguridad o tener repercusiones internacionales) de "elementos esenciales" (art. 772) del Acuerdo, tales como la lucha contra el cambio climático, el respeto de los valores democráticos y los derechos fundamentales, así como la no proliferación de armas de destrucción masiva (art. 771). Antes de adoptar medidas de forma unilateral, la Parte que esgrima este tipo de incumplimiento habrá de solicitar una reunión del CA para encontrar una solución consensuada y solo podrá proceder si ésta no se alcanza en un plazo de 30 días y la actuación resulta proporcionada y conforme con el Derecho internacional.

V. ESTRUCTURA DE SEGURIDAD PARA LOS CIUDADANOS

Reconociendo la necesidad de una amplia cooperación entre las policías nacionales y las autoridades judiciales y del ágil intercambio de datos vitales para, en particular, luchar contra y perseguir los delitos transfronterizos y el terrorismo, en el Segundo Pilar (Parte 3ª) el ACC establece un régimen para la ejecución de las normas y la cooperación judicial en materia penal. En todo caso, es especialmente reseñable que la cooperación en esta materia podrá ser suspendida en caso de violaciones del compromiso de permanencia y cumplimiento del Convenio Europeo de Derechos Humanos (art. 692). Esta parte del Acuerdo, que, como se ha indicado, cuenta con un sistema propio para la solución de diferencias, precisa que la seguridad de los ciudadanos comprende la protección de los derechos fundamentales y de los datos personales,

---

[21] En determinadas áreas en las que se disponen reglas específicas para asegurar su aplicación, se permite reaccionar rápidamente frente a un incumplimiento procediendo a la suspensión, por ejemplo, en lo que concierne a la legislación aduanera (art. 34), las subvenciones (art. 374), el transporte aéreo (457) y la pesca (art. 506).

el intercambio de datos y la lucha contra el blanqueo de capitales y la financiación del terrorismo (arts. 522, 524-525).

Sus disposiciones articulan la cooperación efectiva entre el RU y Europol (arts. 564-579) y Eurojust (arts. 580-642) en la medida en la que se lleva a cabo con terceros países. A estos efectos, el ACC incluye mecanismos para el intercambio recíproco de datos sobre pasajeros (*passenger name records* - PNR), sobre antecedentes penales, DNA, huellas digitales y matrícula de vehículos (*Prüm Data*).

También está prevista la cooperación para la entrega de delincuentes, de forma que se eviten largos procesos de extradición. A estos efectos se cuenta con procedimientos simplificados con plazos estrictos y salvaguardas fuertes, derechos procesales y control judicial. Este nivel de cooperación no tiene precedentes con un tercer país no miembro del Espacio Schengen[22]. No obstante, cualquiera de las partes puede rechazar la entrega o solicitar salvaguardias adicionales en casos específicos, fundamentalmente cuando se trata de los propios nacionales (art. 596-606).

VI. INTERCAMBIOS COMERCIALES

La dimensión más extensa del ACC es la relativa a la regulación de las nuevas relaciones comerciales entre la UE y el RU (Primer Pilar), que persigue un comercio, libre, justo y sostenible, que se beneficie de la conectividad y de las oportunidades compartidas. Sus normas se encuentran en la Segunda Parte del texto, comercio, transporte y otras disposiciones, integrado por seis Epígrafes: 1. Comercio, 2. Transporte aéreo; 3. Transporte por carretera; 4. Coordinación de la seguridad social; 5. Pesca y 6. Otras disposiciones.

El contenido obligacional se construye sobre los compromisos de las Partes con base en los Acuerdos de la OMC (además de la referencia ge-

---

[22] Acuerdo de Schengen, de 14.6.1985 y Convenio de aplicación, de 19.61990, que abarca la abolición gradual de las fronteras interiores entre países y un control más amplio de las fronteras exteriores.

neral, art. 515, pueden verse, por ejemplo, arts. 32 en lo que concierne al *dumping* y a las subvenciones, 270 para las patentes y la salud pública y 378 para las empresas de Estado y 277 para la contratación pública). A partir de ahí, este Primer Pilar del ACC arranca con medidas adicionales para la liberalización del comercio de bienes y servicios (incluyendo normas de origen) y se extiende a las inversiones y la competencia. Además, en este contexto, la UE y el RU se comprometen a asegurar niveles elevados de protección medioambiental, lucha contra el cambio climático y derechos sociales y laborales fijando un *level playing field*. Para todo ello, más allá de la disponibilidad de los procedimientos para solución de diferencias entre las Partes previstos en el Acuerdo, cada una de ellas debe contar con sistemas nacionales para la efectiva ejecución de las normas que aseguren el respeto de los derechos de los operadores económicos y consumidores.

Por lo demás, con el fin de generar beneficios mutuos en áreas de investigación e innovación y espacio, el RU podrá participar en algunos Programas de la UE en el período 2021-2027 (Horizonte Europa, Investigación y Formación Euratom, Copérnico, instalaciones para las pruebas de fusión ITER, así como el acceso a los servicios de la UE de seguimiento y vigilancia de satélites SST) siempre que se realicen las oportunas contribuciones al presupuesto de la Unión (art. 710 y Protocolo I)[23].

En los apartados que siguen, se trata de presentar las disposiciones más directamente relacionadas con la nueva articulación de las relaciones comerciales; de ahí que se haga referencia fundamentalmente al primer Epígrafe –Comercio– de los seis que componen la Segunda Parte del texto –comercio, transporte y otras disposiciones–[24]. Este Epígrafe, a su vez, está integrado por doce títulos: I. Comercio de mercancías; II. Servicios e Inversiones; III. Comercio digital; IV. Movimientos de capital, transferencias y medidas de salvaguardia temporales; V. Propiedad intelectual; VI. Compras públicas; VII. Pequeñas y medianas empresas; VIII. Energía; IX. Transparencia; X. Buenas prácticas y cooperación re-

---

[23] Esta cuestión se desarrolla en la Quinta Parte del ACC (arts. 710-733).

[24] *Vid.* nota nº 12.

guladoras; XI. Normas para una competencia justa (*Level playing field* - LPF) y, finalmente, XII. Excepciones.

1. Transparencia y buenas prácticas reguladoras

Toda la Segunda Parte del Acuerdo cuenta con disposiciones dispersas que introducen compromisos en materia de transparencia. Específicamente, su primer epígrafe (comercio) contiene un Título (IX) sobre esta materia[25] –que opera como complemento a las disposiciones que existen en el resto de los Títulos (art. 339)– con el objetivo declarado de establecer un marco regulador previsible y procedimientos eficaces para los operadores económicos, en particular para las pequeñas y medianas empresas (art. 332).

El sistema está basado en la publicación (art. 335) y en la atención a las solicitudes de información (art. 336), así como en la aplicación objetiva, imparcial y razonable de las normas, para lo que las Partes deben contar con procedimientos para la revisión y recurso de las actuaciones administrativas (arts. 337-338). Por lo demás, para facilitar que las pequeñas y medianas empresas puedan beneficiarse de la liberalización propiciada por el Acuerdo, el Título VIII introduce el compromiso de la UE y del RU de hacer accesible y proporcionarles información sobre su funcionamiento tanto en línea como presencialmente (arts. 295-297).

De forma paralela a la transparencia y en línea con el compromiso de aplicación razonable de las normas, dentro del mismo Epígrafe (comercio) las buenas prácticas reguladoras se traen a colación en diversos lugares, fijándose una relación de disposiciones básicas en el Título X[26]. En ellos se adoptan compromisos sobre los procesos normativos partiendo de los procedimientos de coordinación interna (art. 343-344), la

---

[25] Se señala expresamente que sus disposiciones no son aplicables a los Epígrafes 2 a 5 (transporte aéreo y por carretera, coordinación de la seguridad social y pesca) pero sí al sexto (otras) de la Segunda Parte (art. 334).

[26] Como en el caso de la transparencia, este Título sólo es aplicable a los Epígrafes 1 (comercio) y 6 (otras) de la Segunda Parte (art. 342). Por lo demás, este Título no está sujeto al sistema de solución de diferencias del ACC (art. 354).

información sobre las medidas previstas (art. 345) y, después, vigentes (art. 349), las consultas públicas (art. 346), las evaluaciones de impacto (art. 347) y retrospectivas (art. 348), así como, a estos efectos, el intercambio de información y la cooperación entre las Partes (art. 350-351).

2. Mercancías: barreras arancelarias, no arancelarias y cooperación aduanera

Como corresponde a un Acuerdo de libre comercio, el ACC elimina totalmente las barreras arancelarias y prohíbe las cuotas para los intercambios de mercancías (importación/exportación; arts. 21-26 y 33) originarios de las partes que, en todo caso, quedan sujetas al tratamiento nacional (art. 19). Para su clasificación aduanera se recurre al Sistema Armonizado (art. 19) y para su valoración, a las normas correspondientes de los acuerdos de la OMC (art. 30).

Las normas de origen siguen el modelo de otros acuerdos comerciales de la UE dando entrada a la acumulación plena/bilateral total (arts. 37-53); considerada la forma más flexible para establecer el origen de la mercancía. Esta modalidad permite tener por originarios de una parte los productos que se han fabricado sobre la base de componentes u otros productos de terceros países cuando su elaboración o transformación se produzca en ellos (siempre que la misma no haya sido insignificante[27] o se trate de piezas que proceden de más de dos países con los que existen acuerdos de libre comercio con las mismas normas de origen[28] –acumulación diagonal–); de forma que es ésta la que determina el origen del producto. Además, para facilitar su aplicación, el

[27] Por ejemplo, no se consideraría suficiente la transformación en el RU del azúcar de caña caribeña en azúcar refinado (proceso de refinamiento) ni del arroz basmati indio obtenido tras la molienda en este país. Además, tampoco sería suficiente el empaquetado en el RU de una mercancía procedente de la UE de cara a su re-exportación a la propia UE. THATHAM, *op. cit.* p. 15.

[28] Por ejemplo, no se considerarían originarios de RU/UE los vehículos cuyas piezas procedan de Japón, a pesar de que ambas partes tengan acuerdos de libre comercio en vigor con este país. THATHAN *op. cit.* p. 15.

ACC permite a los comerciantes/exportadores la auto-certificación del origen del producto (art. 54.2).

En lo que concierne a las barreras técnicas al comercio (BTC) y las medidas sanitarias y fitosanitarias (MSF), el ACC no recoge el reconocimiento mutuo de las normas y reconoce la libertad de las Partes para establecer sus estándares de seguridad, incluyendo el etiquetado (art. 95 BTC), sobre la base del respeto a los Acuerdos de la OMC (arts. 90-91 BTC y 71-72 MSF). De ahí que los bienes hayan de satisfacer los estándares marcados por la Parte a la que sean exportados. Esto requiere la puesta en marcha, más allá de los mecanismos de transparencia (art. 94 BTC y 77 MSF) y cooperación (arts. 96-97 BTC y 79-80, 84-85 MSF), de procedimientos y controles aduaneros estrictos (arts. 91 BTC y 75 MSF) para verificar la "evaluación de la conformidad" de los productos. No obstante, el Acuerdo introduce algunas medidas que permiten evitar estos controles en determinados supuestos; por ejemplo, a través de las listas de establecimientos autorizados (art. 76 MSF) o permitiendo la auto-declaración de cumplimiento de las normas en el caso de los productos de bajo riesgo (art. 93 BTC) –sin perjuicio de la posibilidad de imponer el control por terceros (art. 94 BTC)– y dando facilidades para ciertos productos de interés mutuo (como los automóviles, el vino, los productos orgánicos y los químicos y farmacéuticos)[29].

Aunque todos los productos habrán de pasar por los controles aduaneros, las tasas se limitan y los procedimientos se simplifican (arts. 28 y 29) en tanto las partes se han comprometido a reconocer sus respectivos programas de Operadores Económicos Autorizados (OEA – *trusted traders* – art. 110 y Anexo 18). Paralelamente, se contempla la cooperación aduanera en general (arts. 101 y 103)[30] y, específicamente, con el fin de recuperar las tasas aduaneras y luchar contra el fraude del IVA y otros impuestos indirectos (art. 120 y Protocolo relativo a

---

29 A estos efectos, el ACC cuenta con cinco anexos específicos al capítulo 4 del Título Primero (comercio de mercancías) de la Segunda Parte, dedicado a las BTC.

30 Por ejemplo, en los procedimientos aduaneros para el tráfico *roll-on/roll off* (barcos que transportan camiones cargados). Informe MAE, p. 3.

la cooperación administrativa y la lucha contra el fraude en el ámbito del impuesto sobre el valor añadido y a la asistencia mutua en materia de cobro de créditos correspondientes a determinados impuestos y derechos), así como en lo que concierne a la devolución de los bienes culturales (art. 36).

Por lo demás, más allá de su consideración como "medidas correctivas" en el marco del ACC, la persecución de las prácticas de *dumping* y la adopción de medidas de salvaguardia para casos de graves dificultades económicas, sociales o medioambientales (de naturaleza sectorial o regional) quedan sujetas esencialmente a lo dispuesto en los Acuerdos de referencia de la OMC (arts. 32).

3. Servicios e Inversiones

Las disposiciones del ACC en materia de comercio internacional de servicios están en línea con las de otros Acuerdos de comercio de la UE que, lógicamente, se construye –ampliándolo– sobre el grado de liberalización establecido por el Acuerdo General sobre Comercio de Servicios (*General Agreement on Trade in Services*; GATS) e incorporando las reglas relativas a las inversiones. En todo caso, además de los servicios públicos y los de interés general (art. 134), se excluyen de esta regulación ciertos sectores, como algunos relativos a los transportes (entre otros, los sistemas de reserva, asistencia en tierra o reparación de aeronaves) y los servicios audiovisuales (art. 123).

Orientados hacia los "prestadores de servicios y los inversores", el acuerdo establece los compromisos de las Partes (mejorables, art. 126), tanto para inversiones (AI) como para el comercio de servicios (CS). Estos compromisos se centran en el acceso a los mercados (art. 128 AI y 135 CS) y la prohibición de la discriminación a través del tratamiento nacional (art. 129 AI y 136 CS)[31] y del tratamiento de la nación más

[31] Siempre sujetos al cumplimiento de las normas del lugar de prestación del servicio.

favorecida (arts. 130 AI y 137 CS)[32]. Todo ello sería susceptible de excepción (denegación de ventajas a un inversor o proveedor de servicios de la otra Parte) a resultas de la adopción de medidas relacionadas con el mantenimiento de la paz y la seguridad internacionales, incluida la protección de los derechos humanos (art. 125). Se incorpora, además, un régimen adicional de posibles excepciones respecto de las medidas liberalizadoras de las inversiones (art. 133) y del comercio de servicios (art. 139).

Para liberalizar las inversiones se acuerda prohibir la exigencia de una relación de requisitos en el marco del establecimiento y la explotación de empresas de la otra Parte (arts. 131 y 132). Para facilitar el comercio de servicios se adopta el sistema de lista negativa (arts. 133, 139 y 195) –lo que supone liberalización sujeta a las condiciones o limitaciones establecidas en la misma (Anexos 19 y 20)– y se establecen reglas particulares para la entrada y estancia temporal con fines empresariales de las personas físicas (arts. 140-143)[33]. Asimismo, el ACC recoge una relación de compromisos en torno a los mecanismos y procedimientos destinados a permitir la prestación de los servicios en cada Parte (incluso los relativos al reconocimiento de cualificaciones profesionales; art. 148[34]) que excluye a los servicios financieros (arts. 146-158) para los que, sin embargo, si serán de aplicación las reglas específicas relativas a los servicios de entrega (arts. 159-164) aunque no los relativos a las telecomunicaciones (arts. 165-181)[35].

---

32 Este régimen es, asimismo, aplicable en materia de energía pues, en caso de contradicción con las disposiciones específicas de su regulación (Título VIII) estas disposiciones prevalecen (art. 301).

33 A grandes rasgos, se permite la prestación transfronteriza de servicios (MODO 1) y la presencia comercial –inversores– (MODO 3), así como la estancia temporal de prestadores de servicios en ámbitos limitados, para períodos breves en general y algo más amplias para servicios altamente especializados (MODO 4). Es esta última modalidad la que recibe mayor atención. El ACC (art. 146) no hace referencia expresa al consumo en el extranjero (MODO 2).

34 El Anexo 23 del ACC cuenta con unas Directrices específicas para adoptar acuerdos relativos a las cualificaciones profesionales.

35 El art. 212 define lo que se entiende por servicios informáticos con el fin de liberalizar el comercio de servicios y la inversión.

Por lo demás, los servicios financieros (arts. 182-189), los de transporte internacional, tanto marítimo (arts. 190-191) como, de forma mucho más detallada, aéreo (arts. 417-442) y por carretera (arts. 459-487)[36], así como los jurídicos (art. 192-195) cuentan con regulaciones particulares. En lo que concierne a los servicios financieros, la liberalización queda sujeta a decisiones de equivalencia (para determinadas transacciones) sobre los estándares normativos y de supervisión que, adoptadas unilateralmente por cada Parte, pueden ser revocadas con un breve preaviso[37]. En el caso de los servicios jurídicos, se permite su prestación en la otra Parte en tanto éstos estén relacionados con la práctica del Derecho internacional y la del Derecho del Estado en el que se ejerce la profesión.

La prestación entre las Partes de los servicios de transporte aéreo y por carretera, tanto de pasajeros como de mercancías, se liberalizan (conocidas como tercera y cuarta libertad). Los transportes aéreos con conexión (quinta libertad) serán posible para el traslado de mercancías desde/hasta un tercer país en la medida en que se alcance este acuerdo entre el RU y cada Estado miembro (bilateralmente) en términos de reciprocidad. Para el transporte por carretera el ACC contempla plenos derechos de tránsito (por ejemplo, el derecho de los camioneros a pasar desde Irlanda al RU para llegar a otros miembros la UE) y permite realizar dos operaciones adicionales en el territorio de la otra Parte (con un máximo de cabotaje para los camioneros británicos) con el fin de limitar el riesgo de tener que retornar sin carga. Además de las disposiciones relativas a la regulación de la actividad comercial de transporte entre las Partes, se incluyen normas relativas a la seguridad del tráfico (arts. 443-458 para el aéreo) que articulan cauces para el intercambio de información, la cooperación

---

36 La regulación específica de los servicios de transportes aéreo y por carretera, se encuentra en los Epígrafes 2 y 3 de la Segunda Parte. No se contemplan normas sobre el transporte por ferrocarril.

37 En la Declaración conjunta sobre la cooperación en materia de reglamentación de los servicios financieros (que acompaña al ACC), se acordaba alcanzar Entendimiento en la materia en marzo de 2021, y así se hizo a nivel técnico. https://ec.europa.eu/commission/commissioners/2019-2024/mcguinness/announcements/keynote-address-cityweek-2021-eus-financial-services-strategy_en. Visitado en octubre 2021.

y las declaraciones unilaterales de aceptación mutua de certificados de conformidad, así como estándares laborales y medioambientales que marcan un *level playing field*.

En todo caso, las partes se obligan a mantener sistemas de control de las decisiones administrativas (judiciales, arbitrales o administrativos; art. 157).

4. Comercio digital

Dejando fuera de su alcance los servicios audiovisuales (art. 197), la regulación sobre el comercio digital (Título III) pretende hacer frente a los obstáculos injustificados al comercio realizado a través de medios electrónicos y garantizar un entorno en línea abierto, seguro y fiable para las empresas y los consumidores (art. 196).

Las Partes acuerdan la eliminación de aranceles en las transmisiones electrónicas (art. 203) y, salvo en algunos sectores (servicios de telecomunicaciones, de radiodifusión, juegos de azar, representación jurídica y servicios de los notarios o equivalentes en la medida en que impliquen el ejercicio directo o específico de una función pública), se comprometen a no exigir autorizaciones para la prestación de servicios electrónicos (art. 204) y a permitir, de nuevo con excepciones, la contratación por esta vía (art. 205).

Se acuerda también admitir la autenticación electrónica, si bien, para algunas transacciones se podrá requerir que el método de autenticación electrónica o servicio de confianza electrónico esté certificado por una autoridad acreditada (art. 206), pero en ningún caso podrá exigirse la transferencia o acceso al código fuente (art. 207).

Por lo demás, al margen de promover el acceso y la publicidad de los datos públicos (art. 210), la transferencia de datos se facilita eliminando el requisito de localización (art. 197) sin perjuicio de la autonomía de cada Parte para establecer el régimen de protección de datos personales y las condiciones para su transferencia (art. 198). En este último aspecto, cabe destacar que, en junio 2021, la Comisión adoptó una Decisión sobre la base del Reglamento 2016/679 reconociendo la adecuación de la protección de los mismos en el RU[38].

Finalmente, las normas inciden en la protección de los consumidores en línea (art. 208) con especial atención a las comunicaciones comerciales directas no requeridas (art. 209).

5. Energía

Teniendo en cuenta el amplio número de conexiones eléctricas y gasísticas entre la UE y el RU y para facilitar el comercio y la inversión en materia de energía y materias primas, así como la seguridad del suministro y la protección medioambiental (Título VIII – art. 299), se establecen normas cuya vigencia expirará el 30 de junio de 2026 salvo si las Partes acuerdan su prórroga (art. 331).

Se introducen, en primer término, un conjunto de disposiciones sobre la competencia en el mercado del gas y la electricidad, que, sentando la proscripción de la discriminación, incluye los mercados mayoristas y la prohibición del abuso en los mismos junto con la gestión, el acceso y el transporte en las redes (arts. 303-309). En esta línea, se incorporan también la regulación del funcionamiento de las interconexiones (arts. 311-313), el desarrollo de la red y la seguridad del suministro (arts. 314 y 316) así como la cooperación técnica (arts. 317 y 318).

En segundo lugar, se acuerdan los términos para el fomento y la cooperación en materia de energías renovables y eficiencia energética (arts. 319-324) con atención al cambio climático (art. 401) e incluyendo la suspensión del ACC cuando una de las partes incumpla el Acuerdo de París sobre el clima (art. 764)[39].

---

[38] Hasta la adopción de la Decisión de ejecución de la Comisión de 28.6.2021 sobre la protección adecuada de los datos personales en el Reino Unido, C (2021) 4800 final, el art. 782 establecía un régimen provisional basado en el mantenimiento de la aplicación de la normativa comunitaria.

[39] Acuerdo de París adoptado el 12.12.2015, en vigor el 4.11.2016, por 196 Estados Parte en la Conferencia 21 de las partes de Convención Marco de las Naciones Unidas

Finalmente, se adoptan disposiciones sobre bienes energéticos y materias primas, haciendo referencia desde los precios de exportación hasta las autorizaciones para la exploración/explotación de los hidrocarburos (petróleo y gas) y de la electricidad (arts. 325-328).

Un acuerdo separado establece una amplia cooperación sobre los usos seguros y pacíficos de la energía nuclear[40].

6. Contratación pública

La regulación de las compras públicas (Título VI) pretende garantizar el acceso de los proveedores de cada una de las Partes a mayores oportunidades de participación en determinados procedimientos de contratación pública y mejorar su transparencia (art. 276).

Para ello el Acuerdo incorpora, además de las obligaciones adquiridas conforme a la Acuerdo de Contratación Pública (ACP) de la OMC para la liberalización de determinadas contrataciones públicas (Anexo 25 ACC; cuya modificación o rectificación es posible entre las Partes; arts. 290-291 y 293), una serie de normas específicas sobre el uso de medios electrónicos (arts. 278 y 279), las condiciones para la participación en procesos de licitación (arts. 280 y 281), así como sobre los propios procedimientos (arts. 282-286), que se traducen en una participación, en plano de igualdad con las nacionales, de las empresas de cada una de las Partes en las licitaciones que tienen lugar en la otra.

En todo caso, para las contrataciones públicas no incluidas en esta regulación, se contempla el tratamiento nacional siempre que se trate de proveedores establecidos localmente (art. 288).

---

sobre el Cambio Climático (COP21). https://unfccc.int/sites/default/files/spanish_paris_agreement.pdf

40 Acuerdo entre el Gobierno del Reino Unido de Gran Bretaña e Irlanda del Norte y la Comunidad Europea de la Energía Atómica para la cooperación en el uso seguro y pacífico de la energía nuclear, DOUE L 150/01, 30.4.2021.

7. Capitales y pagos

Como necesario complemento a todas las medidas liberalizadoras del comercio y la inversión, el ACC incorpora disposiciones sobre la circulación de capitales y pagos asociadas a las mismas (Título IV; art. 213); contemplando también la posibilidad de adoptar medidas temporales de salvaguardia para situaciones excepcionales que experimente la unión monetaria de la UE (art. 217) así como en los casos de dificultades en las balanzas de pagos de las Partes (art. 218).

8. Propiedad intelectual

Respecto de la propiedad intelectual (Título V), el ACC pretende complementar y especificar más detalladamente los derechos y las obligaciones de cada una de las Partes en virtud del Acuerdo sobre los Derechos de Propiedad Intelectual relacionados con el Comercio de la OMC (ADPIC) y otros tratados internacionales en la materia (art. 220 y 222). Efectivamente, eso hace en una prolija relación de normas que, en principio, parece limitarse a extender los estándares establecidos en la UE al RU tanto en lo que concierne a los derechos de propiedad intelectual (*lato sensu*)[41] como a los mecanismos articulados para su protección y defensa[42]. Por lo demás, las Partes mantienen en todo caso su libertad para decidir sobre la adopción de la regla del agotamiento internacional de estos derechos (art. 223).

Por último, más allá de acordar mantener una cooperación mutua (art. 273), especialmente para alcanzar acuerdos de protección el área

---

[41] Derechos de autor y afines (arts. 225-235); marcas (arts. 236-244); diseño (arts. 245-246); dibujos y modelos no registrados (art. 247-249); patentes (arts. 250-251); protección de la información no divulgada (arts. 252-254); variedades vegetales (art. 255).

[42] Procedimientos y recursos (art. 256 y 269), legitimación para actuar (art. 257); presunciones (art. 268); pruebas (art. 259); medidas de protección (art. 258, 260-264 y 271); daños y perjuicios (art. 265), costas (art. 266) y publicación de decisiones (art. 267). Se recogen, además, normas específicas sobre los procedimientos y recursos relativos a los secretos industriales (art. 270).

de las indicaciones geográficas en el futuro (art. 375)[43], se comprometen a facilitar iniciativas voluntarias con las partes interesadas con el fin de reducir las infracciones de los derechos de propiedad intelectual (art. 274).

9. Normas para una competencia justa (*level playing field*) y sostenibilidad

Bajo la denominación en inglés *level playing field* (LPF) se encuentra un conjunto de normas destinadas a mantener unas condiciones de "igualdad" en la competencia "abierta y justa" en los mercados para un "desarrollo sostenible" (Título XI)[44] que, sin cuestionar la determinación unilateral de las políticas y prioridades por cada una de las Partes, evite las distorsiones en el comercio y las inversiones (art. 355). De ahí que el ACC se refiera en esta parte a las medidas para abordar la defensa de la competencia en general, las subvenciones (ayudas de Estado), las empresas públicas, los impuestos, así como la convergencia de estándares, esencialmente en los ámbitos laboral y medioambiental (dando entrada a la participación en acuerdos multilaterales en estas dos últimas materias; arts. 399 y 400 respectivamente, y haciendo hincapié en la lucha contra el cambio climático –art. 401– y en la protección de la diversidad biológica –arts. 402-404–).

A estos efectos se insertan referencias a otros instrumentos internacionales para el comercio y el desarrollo sostenible que, partiendo de la Declaración de Río de Janeiro sobre comercio y desarrollo de 1992, llega a los Objetivos de Naciones Unidas para el Desarrollo Sostenible, pasando por la Declaración de la Organización Internacional del Trabajo (OIT) sobre justicia social para una globalización equitativa (art. 397).

---

43 Las indicaciones geográficas registradas en ambas partes antes del Brexit, mantienen su protección en ambas, pero no hay compromisos respecto de la protección de nuevas indicaciones después del 31.12.2020.

44 *Vid.* nota nº 8.

a. Subvenciones

Las normas relativas al control de las subvenciones son las más detalladas de este título. Junto a los principios generales se recogen normas particulares para sectores específicos –transporte aéreo y energía– (arts. 366 y 367), comprendiendo un sistema de excepciones para situaciones de emergencia económica nacional o global (art. 364).

Paralelamente, se contempla la posibilidad de subvencionar proyectos en el marco de cooperación bilateral o internacional en sectores tales como el transporte, la energía, la investigación y el desarrollo y el despliegue de nuevas tecnologías.

Cabe hacer notar la presencia de disposiciones específicas sobre transparencia (art. 371) y disponibilidad de control judicial de decisiones administrativas (art. 372) a las que se suman las consultas entre las partes y un sistema para la recuperación (art. 373) y para la adopción de "medidas correctoras" –derechos compensatorios– (art. 374).

b. Empresas públicas

En lo que concierne a la actividad económica de las empresas públicas con privilegios especiales o en situaciones de monopolio (art 376), las Partes se comprometen a adoptar disciplinas no discriminatorias y sujetas a consideraciones estrictamente comerciales (art. 380). Por otro lado, la fiscalidad queda sujeta a los compromisos de buen gobierno y de cooperación (art. 381).

c. Derechos sociales y medio ambiente

El compromiso de las Partes con la protección de los estándares laborales y sociales (art. 386), por una parte, y medioambientales (art. 390), por otra, se traduce, de entrada, en la obligación de no incurrir en su regresión; esto es, no deben disminuir respecto del nivel existente al terminar el período transitorio (art. 387 y 391 respectivamente), quedando sujetas a mecanismos de consultas y control de aplicación (arts. 388 y 394-395).

En la dimensión medioambiental, tras recordar específicamente el amplio espectro de las obligaciones internacionales adquiridas por las Partes (art. 393), ambas se comprometen a regular la tarificación de las emisiones de carbono (art. 392) cuestión que, como se ha indicado, tiene también su trasunto en la regulación en materia de energía al atender a los compromisos relativos a la lucha contra el cambio climático. Por lo demás, es la pesca la dimensión específica que recibe mayor atención en este ámbito.

En materia de pesquerías (Epígrafe 5 de la Segunda Parte), las Partes acuerdan una nueva estructura para la gestión conjunta de los bancos de pesca compartidos en sus respectivas aguas (son más de 100). Así, el RU podrá desarrollar más las actividades y vidas pesqueras británicas mientras que las comunidades pesqueras de la UE quedarán salvaguardadas y sus recursos naturales protegidos. Los pesqueros comunitarios mantendrán el nivel de acceso a las aguas británicas durante un período transitorio de 5 años y 5 meses con una reducción gradual y equilibrada de sus cuotas. Después, el RU y la UE mantendrán consultas anuales para acordar las oportunidades de pesca, así como para la gestión sostenible de la pesca y recursos marinos al tiempo que se preservan las actividades y vidas de las comunidades pesqueras dependientes de esas aguas y recursos.

La coordinación de la seguridad social el ACC (Epígrafe 4 de la Segunda Parte) pretende asegurar recíprocamente un número de derechos de los ciudadanos de una Parte que permanezcan en o se trasladen temporalmente a la otra; esto es de la UE en el RU y viceversa. Un número amplio de beneficios quedan cubiertos, incluyendo las pensiones de prejubilación, jubilación, sobrevivientes, maternidad/paternidad, accidentes de trabajo y la asistencia sanitaria.

10. Excepciones: régimen general

Como se ha indicado, en las distintas cuestiones comerciales reguladas por el ACC es posible encontrar referencias a la posibilidad de eludir, siempre en circunstancias excepcionales, la aplicación de los compromisos acordados. No obstante, el Acuerdo dispone de un régimen general de excepciones que adopta las referencias del Acuerdo de la OMC y, en particular, del Acuerdo General sobre Aranceles y Comercio (GATT), añadiendo normas sobre el acceso y, en su caso, el tratamiento de la información confidencial (art. 416).

Por una parte, se reproducen los requisitos y supuestos previstos en el artículo XX del GATT, tanto para el comercio de mercancías, como para el de servicios e incluso para las inversiones. Del mismo modo, este estándar es referente para las excepciones de las diversas materias cubiertas por las normas de comercio de mercancías, servicios e inversiones, comercio digital, movimientos de capital asociados, energía y *level playing field*, –Títulos I, II, III, IV, VIII XI del Epígrafe 1 de la Segunda Parte– (art. 412). Además, con los mismos requisitos y tras establecer la prevalencia de los Convenios fiscales de cada Parte sobre lo establecido en el ACC, se fijan también las causas que justificarían las excepciones en este ámbito (art. 413).

De forma paralela, se reproducen los supuestos y los requisitos para la adopción de excepciones basadas en motivos de seguridad nacional (art. 415).

Por otra parte, se establece la conformidad y, por lo tanto, la falta de necesidad de recurrir a una excepción, en el caso de que una Parte adopte medidas consideradas conformes con las derogaciones (*waivers*) acordadas en la OMC (art. 414).

VII. CONCLUSIONES

Tras el Brexit, el ACC entre la UE y el RU reconduce las relaciones comerciales entre la Unión y su anterior miembro tratando de alcanzar un nivel de liberalización comercial y cooperación entre los nuevos socios que, aunque de mayor calado que el de otros acuerdos comerciales, no deja de implicar, como no podía ser de otro modo, una regresión respecto del anterior escenario. Esto ha sido ya percibido por los operadores económicos. Los consumidores y las respectivas economías nacionales, cada uno en su medida y no sin dificultades, van adaptándose al nuevo marco jurídico e institucional. No obstante, los mayores problemas continúan procediendo de las circunstancias que rodean a la compleja situación de IN, en particular, en lo que concierne a las transacciones desde o hacia RU, sujetas a la aplicación del Protocolo del Acuerdo de retirada.

EFECTOS DEL ACUERDO DE COMERCIO Y COOPERACIÓN ENTRE LA UNIÓN EUROPEA Y EL REINO UNIDO EN EL MERCADO ÚNICO DE LA ENERGÍA Y EN EL COMERCIO DE LA ELECTRICIDAD

Lidia Moreno Blesa*

I. INTRODUCCIÓN

El Brexit ya está aquí y ha venido para quedarse. Habría que remontarse a los orígenes de este proceso para tener una visión en perspectiva del periplo recorrido. El 23 de junio de 2016, se producía la votación que debía decidir en referéndum la permanencia o la salida del Reino Unido (en adelante, RU) de la Unión Europea (en adelante, UE). La solución adoptada se inclinó por lo segundo y con ello se inició el proceso de desconexión que se materializó el 31 de diciembre de 2020. Solo un escaso 51,9% del electorado votó a favor de la retirada, lo que fue suficiente para poner en marcha el proceso de salida volun-

* Profesora Ayudante Doctora de Derecho Internacional Privado. Universidad Complutense de Madrid.

taria y unilateral del RU de la Unión. Se abrió, en ese momento, un largo camino de negociaciones y de no retorno, que tuvo como fundamento jurídico de actuación el artículo 50 del Tratado de la Unión Europea (en adelante, TUE)[1].

El mencionado precepto realiza una ordenación del proceso de retirada, esto es, la reversión del proceso de ingreso[2], siempre que el Estado desertor haya tomado la decisión de conformidad con sus normas constitucionales[3]. Una vez acordada la marcha y para hacerla efectiva, se deberá notificar al Consejo Europeo la intención de dejar de pertenecer a la organización internacional. A partir de ahí, se pone en funcionamiento un proceso de negociación donde se debe acordar el marco de las relaciones futuras. Estas conversaciones se desarrollan

---

[1] El art. 50 TUE dice lo siguiente: "1. Todo Estado miembro podrá decidir, de conformidad con sus normas constitucionales, retirarse de la Unión. 2. El Estado miembro que decida retirarse notificará su intención al Consejo Europeo. A la luz de las orientaciones del Consejo Europeo, la Unión negociará y celebrará con ese Estado un acuerdo que establecerá la forma de su retirada, teniendo en cuenta el marco de sus relaciones futuras con la Unión. Este acuerdo se negociará con arreglo al apartado 3 del artículo 218 del Tratado de Funcionamiento de la Unión Europea. El Consejo lo celebrará en nombre de la Unión por mayoría cualificada, previa aprobación del Parlamento Europeo. 3. Los Tratados dejarán de aplicarse al Estado de que se trate a partir de la fecha de entrada en vigor del acuerdo de retirada o, en su defecto, a los dos años de la notificación a que se refiere el apartado 2, salvo si el Consejo Europeo, de acuerdo con dicho Estado, decide por unanimidad prorrogar dicho plazo. 4. A efectos de los apartados 2 y 3, el miembro del Consejo Europeo y del Consejo que represente al Estado miembro que se retire no participará ni en las deliberaciones ni en las decisiones del Consejo Europeo o del Consejo que le afecten. La mayoría cualificada se definirá de conformidad con la letra b) del apartado 3 del artículo 238 del Tratado de Funcionamiento de la Unión Europea. 5. Si el Estado miembro que se ha retirado de la Unión solicita de nuevo la adhesión, su solicitud se someterá al procedimiento establecido en el artículo 49".

[2] SALINAS DE FRÍAS, A. "La Unión Europea" en J. ALCAIDE FERNÁNDEZ Y R. CASADO RAIGÓN (eds.), *Curso de Derecho de la Unión Europea,* 2 Ed., Tecnos, Madrid, 2016, p. 81.

[3] En el caso del RU, el carácter flexible de su norma suprema se tradujo en la carencia de principios constitucionales sobre la toma de decisiones importantes que afecten al destino de la nación. Solo la legislación electoral aludía a que se debía celebrar un referéndum. En consecuencia, el resultado sorpresivo de la consulta electoral, que se saldó con la retirada por una escasa mayoría, podría plantear la duda de la importancia otorgada al plebiscito. Es más, resultaría factible considerar que una votación de este tipo podría enunciar una decisión de principio, pero no determinar el curso de la política. WEALE, A., "Brexit and the improvised constitution", en B. MARTILL and U. STAIGER (eds.), *Brexit and Beyond. Rethinking the Futures of Europe,* UCL Press, 2018, pp. 31 y 32.

de conformidad con las directrices establecidas en el artículo 218, apartado 3 del Tratado de Funcionamiento de la Unión Europea (en adelante, TFUE), que finalmente deben conseguir un compromiso entre el Estado miembro y la Unión. El pacto que se obtenga requerirá el visto bueno del Consejo, que se pronunciará por mayoría cualificada[4], previa aprobación por el Parlamento Europeo.

El 29 de marzo de 2017 se notificaba al Consejo Europeo la intención del RU de abandonar la Unión, de conformidad con el artículo 50 del TUE. Siete meses y veinte días más tarde, varios diputados del Parlamento del RU, del Parlamento Escocés y del Parlamento Europeo acudían a un Tribunal del Estado saliente para que se pronunciara sobre la posibilidad de revocación de la notificación efectuada[5]. En concreto, se pretendía dilucidar si la comunicación de la intención de retirada podía ser invalidada unilateralmente antes del vencimiento del plazo de los dos años contemplado en el artículo 50 del TUE. La jurisdicción estatal que recibió la petición de pronunciamiento estimó conveniente plantear una cuestión prejudicial al Tribunal de Justicia de la Unión Europea (en adelante, TJUE), para esclarecer este asunto.

El Abogado General presentaba sus conclusiones, el 4 de diciembre de 2018, en el asunto C-621/18, *Wightman and Others,* en las que se proponía entender que el artículo 50 del TUE admitía la revocación unilateral[6]. También se establecía un límite temporal para la viabilidad

---

4 Mientras que para el ingreso de un nuevo socio se requiere la unanimidad en el Consejo (art. 49 TUE); para la salida negociada solo se exige la mayoría cualificada. Se trata con esto último de no bloquear mediante el veto de un solo miembro del Consejo el proceso de retirada y que sea más factible la consecución de un acuerdo que regule las relaciones futuras. Quizá también ello sea el reflejo de la falta de compromiso por parte de todos los socios de avanzar en el proceso de la integración, hacia la unión política o los Estados federales de Europa. Al ser más sencilla la marcha que el acceso, parece que se renuncia, incluso simbólicamente, a que una vez dentro, el avance de la integración sea lo más irreversible posible.

5 TJUE, El Reino Unido puede revocar unilateralmente la notificación de su intención de retirarse de la Unión Europea, Comunicado de Prensa nº 191/18, Luxemburgo, 10 de diciembre de 2018.

6 Conclusiones del Abogado General, M. Campos Sánchez-Bordona, presentadas el 4 de diciembre de 2018, en el asunto C-621/18, *Wightman and Others,* ECLI:EU:C:2018:978, apartado 170.

de la contramedida, circunscrito hasta el momento en el que se finiquitara el acuerdo de retirada. Por último, se señalaban las condiciones que debía revestir la revocación para ser eficaz y efectiva. Su viabilidad pasaba por haber sido decidida de conformidad con las norma constitucionales, comunicada de manera formal al Consejo Europeo y no constitutiva de una práctica abusiva. Por su parte, el TJUE se adhirió a los planteamientos anteriores, pero además añadió que la revocación tendría que ser unívoca e incondicional y notificada mediante escrito dirigido al Consejo Europeo. Así mismo, reiteró que debía ser adoptada de conformidad con las normas constitucionales del Estado en cuestión. Una vez acaecida, el estatuto del que confirma su pertenencia se mantiene inalterado y da lugar a la finalización de la intención de retirada[7].

La postura contraria era mantenida por el Consejo y la Comisión, que coincidían en la idea de poder revocar la notificación de retirada, pero sin carácter unilateral. Para justificar su posición alegaban un posible uso fraudulento de la medida. El abuso podría cometerse, por ejemplo, en el caso de plantear la revocación cerca del cumplimiento de los dos años previstos para ejercitarla e inmediatamente después de dicho vencimiento notificar una nueva retirada. Actuando de ese modo, se iniciaría un nuevo período de negociación de veinticuatro meses, que podría convertir a la figura en un derecho ilimitado en el tiempo. Además, se abría paso a la revocación táctica, cuando se amenazara con revocarla en el supuesto de ser desfavorables los términos del acuerdo de retirada. Con este tipo de advertencias, se podría presionar a las instituciones de la Unión y conseguir mejoras en los términos del acuerdo.

Puede parecer razonable someter la revocación de la retirada a la decisión del Consejo Europeo, ya que la participación de las instituciones está prevista para la admisión y también para la retirada. Prescindir del parecer de los órganos de representación de la UE dejaría en manos de uno solo lo que está basado en una unión de Estados para la consecución de objetivos comunes. El recurso a los valores en los que se fundamenta la organización internacional tampoco resul-

---

7 Sentencia del TJUE (Pleno), de 10 de diciembre de 2018, en el asunto C-621/18, *Wightman and Others*, ECLI:EU:C:2018:999, apartado 75.

taría contradicho por requerir el parecer de las instituciones[8], pues sería incongruente que una decisión unilateral, pero positiva para el conjunto, se acabara rechazando. Aún así, se considera contrario al sentido común la consulta al Consejo Europeo[9], pues podría dar lugar a tener que negociar la retirada con un Estado que ya no tiene intención de hacerla efectiva. Pero dicha consulta no tiene necesariamente que conducir a un resultado diferente del obtenido por unilateralidad. Es más, sería más lógico y razonable que contara con la aquiescencia de todos los demás, porque las decisiones de muchos podrían estimarse más legítimas que las de uno solo.

En cualquier caso, el Brexit se acabó consumando, sin que en ningún momento el RU diera muestras de revocar la intención de retirada. Bien es cierto que, entre una ruptura dura y otra más negociada, se consiguió la segunda. Como consecuencia, se adoptó posteriormente el acuerdo de comercio y cooperación entre la Unión Europea y la Comunidad Europea de la Energía Atómica, por una parte, y el Reino Unido de Gran Bretaña e Irlanda del Norte, por otra[10]. Es la primera vez que la UE decrece en Estados miembros, en lugar de lo contrario. Esta pérdida podría no resultar inocua y provocar una serie de impactos de diversa índole, que estarían en condiciones de tener una trayectoria centrífuga y centrípeta[11]. Serían del primer tipo, los que podrían contribuir a fragmentar a la Unión e incrementar las divisiones sobre las posiciones políticas. Así, por ejemplo, la solidaridad europea se ha visto socavada como consecuencia tanto de problemas a largo plazo como de crisis más recientes. Entre estas últimas, se podrían citar las crisis migrato-

---

8 Al respecto, se indica en la sentencia del TJUE (Pleno), de 10 de diciembre de 2018, nota 8, apartado 67, que uno de los objetivos y valores de los tratados sería el crear una unión cada vez más estrecha entre los pueblos de Europa, por lo que obligar a un Estado miembro a retirarse de la Unión cuando ha manifestado su intención de revocar la idea de salirse de la organización supranacional podría resultar contrario a dichos fines.

9 ANDRÉS SÁENZ DE SANTA MARÍA, P., "Un Tribunal a la altura de sus responsabilidades: el Brexit ante el Tribunal de Justicia de la Unión Europea", *Revista de Derecho Comunitario Europeo*, 62, 2019, p. 35.

10 DO L 149/10, de 30.4.2021.

11 CINI, M. y VERDUN, A., "The implications of Brexit for the future of Europe", en B. MARTILL and U. STAIGER (eds.), *Brexit and Beyond. Rethinking the Futures of Europe*, UCL Press, 2018, pp. 66 a 70.

rias, donde la ausencia de un reparto equitativo de los contingentes ha exacerbado las ya frágiles relaciones entre el Norte y el Sur, y entre el Este y el Oeste. Por su parte, los efectos centrípetos estarían relacionados con hacer más ostensible una mayor integración. Sin el RU y con la experiencia de su salida, la UE podría estar en mejores condiciones a la hora de adoptar un frente común ante las adversidades que pudieran ir surgiendo en su devenir.

En definitiva, lo que el Brexit ha demostrado es que el acuerdo entre todos ha sido posible y que la adopción de una posición unánime también se ha conseguido. Es por ello que, para comprender la verdadera dimensión del compromiso adquirido entre los diferentes operadores implicados, se prestará especial atención al tratado internacional concluido para regular las relaciones post Brexit. A continuación, se analizarán los efectos de este acuerdo en el mercado único de la energía y en el comercio de la electricidad, por tratarse de sectores sensibles para la economía europea en general y para los ciudadanos de la Unión en particular[12]. Además, la consideración de servicios de interés económico general que tienen tales sectores justifica que se le dediquen los comentarios que se van a esgrimir a continuación. Sin olvidar una referencia a la resolución de controversias, por cuanto se trata del mecanismo previsto para hacer cumplir el acuerdo y ofrecer seguridad jurídica a las empresas, a los consumidores y a los ciudadanos.

II. EL ACUERDO DE COMERCIO Y COOPERACIÓN

Se trata de un tratado internacional entre un Estado miembro y la UE, que no requiere de la autorización de los parlamentos de los Estados miembros[13]. Esto último se debe a que el Acuerdo cubre únicamente

---

[12] El sector eléctrico es por supuesto uno de los más importantes en cualquier economía nacional. A la postre todo es reconducible a la energía. No hay bien ni servicio alguno en el sentido económico cuya consideración como tal no depende de esta dimensión. *Vid.*, MARTÍN MATEO, R., *El marco público de la Economía de Mercado,* Editorial Trivium, Madrid, 1999, p. 165.

[13] Ministerio de Asuntos Exteriores, Unión Europea y Cooperación. Secretaría de Estado para la Unión Europea, *El Acuerdo de Comercio y Cooperación entre la Unión Europea y el*

áreas que son competencia de la Unión, por lo que solo se requiere el acuerdo unánime de los Estados miembros en el Consejo y la aprobación del Parlamento Europeo. La firma del acuerdo de comercio y cooperación se produjo el 30 de diciembre de 2020, su aplicación provisional se realizó desde el 1 de enero de 2021, mientras que la entrada en vigor se llevó a cabo el 1 de mayo de 2021[14]. Detrás de la decisión para irse hay motivaciones políticas de diversa índole. Desde restituir el control de todas las leyes al RU, hasta poner fin a la jurisdicción del Tribunal de Justicia de la UE. Pasando por acabar con las contribuciones masivas al presupuesto de la Unión, así como terminar con la libre circulación de personas y recuperar la libertad de firmar acuerdos comerciales con quienesquiera.

Pero también se perseguían efectos económicos al poner en marcha el Brexit. Al liberar a los mercados de importación del RU del arancel exterior común, se pretendía una reducción de los precios para los consumidores con aranceles posteriores más bajos que el anterior unificado. Además, las reglas del mercado único de bienes también provocan un incremento de los precios por encima de los niveles mundiales, como consecuencia de la imposición de barreras no arancelarias (en adelante, BNA) contra las importaciones de muchos bienes procedentes de terceros países. Se estima que el efecto combinado de los aranceles y las BNA de la UE sobre las importaciones de bienes del resto del mundo elevan los precios de los alimentos y los productos manufacturados dentro de la UE en un 20%, comparándolos con los precios mundiales en promedio[15].

Reino Unido, 1 de enero de 2021. Disponible en: http://www.exteriores.gob.es/Portal/es/PoliticaExteriorCooperacion/Documents/Acuerdo%20de%20Comercio%20y%20Cooperación%20UE-Reino%20Unido.pdf (fecha de consulta: 27 de diciembre de 2021).

[14] Comisión Europea, *Acuerdo de Comercio y Cooperación entre la Unión Europea y el Reino Unido,* Disponible en: https://ec.europa.eu/info/strategy/relations-non-eu-countries/relations-united-kingdom/eu-uk-trade-and-cooperation-agreement_es (fecha de consulta: 30 de octubre de 2021).

[15] JENKIN, B., "The UK economy and the trade post-Brexit", en A. de RUYTER y B. NIELSEN (eds.), *Brexit negotiations after article 50. Assessing process, progress and impact,* Emerald Publishing, 2019, pp. 44 y 47.

Las razones que se acaban de esgrimir, tanto políticas como económicas, para justificar el divorcio entre el RU y la UE no son de ahora mismo, sino que vienen de lejos. Ya desde el inicio del proyecto de integración europeo, se invitó a participar al RU, pero las negociaciones nunca fructificaron por la aplicación del arancel exterior contrario a sus intereses comerciales con los socios de la *Commonwealth*. Una vez dentro del club, también han sido constantes sus reticencias a progresar en la cesión de competencias soberanas a la organización internacional. Así, desde 1984 y con la obtención del conocido como cheque británico, consiguen que Francia y Alemania se conviertan en los principales contribuyentes al presupuesto de la Unión. Tampoco participaron en la moneda única y se quedaron fuera del espacio Schengen, además de conseguir una regulación a la carta para otras materias como la política interior y de justicia[16]. En definitiva, que el Brexit podría subtitularse como la crónica de una muerte anunciada.

Aunque podrían considerarse más que suficientes los alegatos anteriores para justificar el fin de la pertenencia del RU a la UE, se pueden encontrar algunos más que lo acreditan. Así, entre otros, se puede hacer referencia a la inmigración, que se considera un aspecto muy sensible y que ha sido mal administrado en términos generales. Por su parte, la crisis económica ha incrementado las diferencias entre ricos y pobres, sin que la UE haya puesto remedios para evitarlo. Pero, además, el terrorismo islamista ha generado mucha inquietud y desasosiego en la ciudadanía europea, porque parece que la permeabilidad de las fronteras dificulta el control de los movimientos de estos colectivos[17]. Se podría inferir de lo dicho hasta el momento que hay una especie de huida de lo que supone el compromiso europeísta. Al mismo tiempo que se apuesta por la gestión estatal e independiente de gran parte de las materias que abarca la integración. Las dificultades que aquejan a Europa y los desaciertos en la gestión conjunta de algunas de ellas

---

[16] MUÑOZ GÁLVEZ, D., "Cuestiones generales del procedimiento separatista británico", en V.S. PENALVA y M.D. ORTIZ VIDAL (coords.), *Estudio jurídico del fenómeno Brexit*, Dykinson, 2017, pp. 25 y 27.

[17] ISLAS COLÍN, A., "Brexit: proceso de retiro y consecuencias en Derechos Humanos", en A. ORTEGA GIMÉNEZ (Dir.), *Brexit: persona, empresa y sociedad*, Aranzadi, 2020, p. 52.

han provocado que el euroescepticismo se imponga en detrimento del eurocentrismo.

La economía mundial es heterogénea, con niveles de desarrollo desiguales entre los distintos Estados y con variados sistemas económicos y políticos, así como diferentes estructuras sociales. Todos estos ingredientes conducen a incrementar la interdependencia económica y obligan a que la cooperación internacional sea más estrecha a la hora de establecer mecanismos de regulación y equilibrio de la economía mundial[18]. Un panorama de estas características desaconseja que los Estados determinen individualmente los criterios de gobernanza de los mercados y propicia soluciones coordinadas. Esto último podría ser la razón de la consecución del acuerdo de comercio y cooperación entre la Unión Europea y la Comunidad Europea de la Energía Atómica, por una parte, y el Reino Unido de Gran Bretaña e Irlanda del Norte, por otra. Se trata de una norma omnicomprensiva, que está integrada por 783 preceptos, 49 anexos y 3 protocolos donde se regulan, entre otros, aspectos tales como el comercio, el transporte y la pesca, así como la cooperación policial y judicial en materia penal, además de incluir un procedimiento de solución de diferencias.

La gran variedad de materias que abarca su ámbito de aplicación ha suscitado dudas sobre la competencia de la Unión para negociarlas[19]. Al respecto, puede traerse a colación el Dictamen 2/15 del Tribunal de Justicia (Pleno), de 16 de mayo de 2017[20], en el que se resolvió sobre la competencia para celebrar el acuerdo de libre comercio entre la UE y la República de Singapur. En concreto, el TJUE señaló, con un carácter mucho más extensivo que las conclusiones de la Abogado General[21], que

---

18 FERNÁNDEZ ROZAS, J.C., *Sistema del Comercio Internacional,* Civitas, Madrid, 2001, p. 73.

19 HUGHES, V., "Brexit and International Trade: one year after the referendum", en O.E. FITZGERALD and E. LEIN (eds.), *Complexity's Embrace. The International Law Implications of Brexit.* Centre for International Governance Innovation, 2018, p. 14.

20 Dictamen 2/15 del TJUE (Pleno), de 16 de mayo de 2017, *Acuerdo de Libre Comercio con Singapur,* ECLI:EU:C:2017:376, apartado 305.

21 Conclusiones de la Abogado General Sra. E. Sharpston, presentadas el 21 de diciembre de 2016, ECLI:EU:C:2016:992, en las que se resolvió que la Unión Europea disfruta de competencia externa exclusiva con respecto a las disposiciones del Tratado de Libre

todas las disposiciones del acuerdo de libre comercio son competencia exclusiva de la UE. Solo se exceptúan las disposiciones que tratan de la inversión no directa y la solución de controversias entre inversores y Estados. Para estas dos últimas, la competencia sería compartida entre la UE y los Estados miembros. Por lo tanto, podría extrapolarse el planteamiento esgrimido por el TJUE en el caso del acuerdo con Singapur para ser aplicado en el celebrado con el RU. De tal forma que se podría concluir con la legalidad del negociado por solo la UE con los británicos, en tanto en cuanto los contenidos que abarca se ajustan a los atribuidos en exclusiva a la organización supranacional.

Ahora bien, de entre todos los aspectos que se tratan, se pone especial atención a los artículos 299 a 331 del Título VIII, del epígrafe primero, de la segunda parte del acuerdo de comercio y cooperación, por cuanto se dedican a la energía y es más que evidente la importancia de este tema en la actualidad[22]. Analizaremos los efectos del acuerdo en el mercado único de la energía y en el comercio de la electricidad. Sin olvidarnos de una referencia a la resolución de controversias, cuando se produzcan incumplimientos de los compromisos adquiridos entre las

Comercio que tratan el comercio de bienes, el comercio y la inversión en generación de energía renovable, el comercio de servicios y la contratación pública, excepto en relación con los servicios de transporte, la inversión extranjera directa, los aspectos comerciales de los derechos de propiedad intelectual (pero no los aspectos no comerciales de esos derechos), la competencia y el comercio de servicios de transporte por ferrocarril y por carretera. Consideró que la competencia de la UE se comparte con los Estados miembros en varias áreas, incluso con respecto al comercio de servicios de transporte aéreo, servicios de transporte marítimo y transporte por vías navegables interiores, tipos de inversión distintos a la inversión extranjera directa, contratación pública en la medida en que se aplica a los servicios de transporte, los aspectos no comerciales de los derechos de propiedad intelectual y las normas laborales y medioambientales.

[22] Por un lado, se podría hacer referencia a los preocupantes precios de la energía eléctrica en los últimos tiempos, tal y como puede observarse en RODRÍGUEZ, D., "Sobre los costes, los precios y el mercado de la electricidad", *Estudios sobre la Economía Española,* 2021/28, Fedea, septiembre de 2021, Disponible en: http://documentos.fedea.net/pubs/eee/eee2021-28.pdf (fecha de consulta: 8 de noviembre de 2021). Por otro, las noticias sobre el cierre del mayor gasoducto que une a Argelia con España por la crisis con Marruecos, no hacen sino elevar la inquietud en relación con la seguridad del suministro, lo que se indica, entre otros, por SEGOVIA, C., "El efecto de la imprevisión: España, al borde de perder el gasoducto que asegura el 15% del gas", *Actualidad Económica,* Madrid, octubre 17, 2021.

partes concernidas o entre alguna de ellas respecto de los operadores económicos de la otra. En cualquier caso, se podría decir que el marco jurídico de la nueva relación entre la UE y el RU se basa en un acuerdo de libre comercio, que establece una asociación económica y social para ambos[23]. Se trata, en definitiva, de una cooperación ambiciosa, que resulta avalada por el artículo XXIV del GATT 1994, en tanto que abarca sustancialmente todo el comercio y contribuye, en general, a facilitarlo en lugar de lo contrario. Si bien, dicha cooperación para el mencionado Título VIII tiene fecha de caducidad, de conformidad con el artículo 331.

En concreto, se prevé que deje de aplicarse el 30 de junio de 2026 aunque, a continuación, se establecen prórrogas anuales indefinidas. Se podría considerar que es una forma de testar, cada cierto tiempo y más bien corto, la marcha del comercio y la inversión en los ámbitos de la energía. De manera que se podría dejar de aplicar este bloque de normas, aunque las demás siguieran operativas. Sería como una terminación parcial y no total del acuerdo, aunque también se permitiría activar esta última tanto para la energía como para el resto de las disposiciones en virtud del artículo 779. Incluso se prevén denuncias de ciertas partes del acuerdo, tanto en el artículo 509 como en el artículo 521, que afectan a algunos epígrafes de la segunda parte o a esta parte entera y donde se encuentra incluida en ambos casos la regulación de la energía. Resulta arriesgado aventurar, pero no por ello se eludirá, que estos mecanismos destinados a poner en marcha un *energexit*, sobre todo el del artículo 331, podrían ser utilizados con fines políticos. Una falta de entendimiento, una ausencia de sintonía o cualquier otra fisura que amenazara el *statu quo* alcanzado por las partes en el acuerdo podría hacer peligrar la continuidad de la asociación económica constituida. Si bien parecería que la UE tendría menos que perder en comparación con los británicos, ante una hipotética ruptura entre ambos. Por lo que no se auguran especiales vaivenes en estos momentos, ya que la una y los otros acaban de sellar su entente cordial sin que se aprecien disfunciones que puedan entorpecer lo acordado.

[23] Desde la perspectiva del Derecho europeo, se trata de un acuerdo de asociación, de los previstos en el art. 217 del TFUE, que pretende el establecimiento de derechos y obligaciones recíprocos, acciones comunes y procedimientos particulares.

III. EL MERCADO ÚNICO DE LA ENERGÍA

La referencia a un mercado de esta índole fue fruto de la aprobación del Acta Única Europea el 17 y 28 de febrero de 1986. En concreto, este texto se encargó de revisar los Tratados Fundacionales, avanzando en el proceso de integración europea. Para lograrlo, se introdujo el artículo 8.A en el antiguo Tratado CEE (actual artículo 26 del TFUE), que establecía un mercado interior para el final de 1992. Por su parte, el Libro Blanco de 1985[24] es el punto de referencia obligado para la consecución del mencionado mercado interior. En este documento se establecía un programa y calendario para la abolición de las barreras de cualquier naturaleza, la armonización de las normas, la aproximación de las legislaciones y de las estructuras fiscales, así como la intensificación de la cooperación monetaria entre los Estados miembros. En definitiva, el Libro Blanco preveía la supresión completa de las fronteras físicas, técnicas y fiscales dentro de la Unión.

En cualquier caso, el Acta Única representó un paso decisivo en el proyecto integrador, al definir el mercado interior "como un espacio sin fronteras interiores, en el que la libre circulación de mercancías, personas, servicios y capitales estará garantizada de acuerdo con las disposiciones del presente Tratado". Además, repercutió muy favorablemente en el sector de la energía, a pesar de no incluirlo en su articulado, ya que el relanzamiento del espacio económico común hacía indispensable la implantación de nuevas políticas comunitarias, de entre las cuales, la energética no podía quedar al margen[25].

1. El impulso decisivo al mercado interior de la energía tras el Acta Única

La unidad del mercado propuesta en el Acta Única se plasmó en una Resolución del Consejo de 1986 sobre los objetivos de política energé-

[24] COM (85) 310 final.

[25] EHLERMANN, C.-D., "The contribution of EC competition policy to the single market", *C.M.L.R.*, vol. 24, 1987, p. 260.

tica previstos para 1995[26]. La norma en cuestión intentaba liberalizar completamente los intercambios de energía para mejorar la seguridad en los abastecimientos, reducir los costes y reforzar la competitividad económica. Se evidenciaba una clara opción de la Unión por la implantación de un mercado abierto en el sector de la energía, que a su vez demandaría la concertación de las políticas energéticas nacionales. No obstante, también dichas intenciones fueron objeto de críticas, en el sentido de que una mayor competencia podría acabar debilitando la seguridad del suministro energético europeo[27].

Pero a pesar de estas críticas, desde la aprobación del Acta Única el enfoque energético de la Unión se centró principalmente en hacer efectivo un mercado de la energía mejor integrado. Se trataba de realizar, a través de la integración de los mercados nacionales en un vasto mercado europeo, una asignación óptima de los recursos disponibles, que permitiera el incremento de los intercambios transfronterizos basado en un recurso reforzado a la competencia[28]. El respaldo más firme a esta aspiración llegó con la Comunicación elaborada por la Comisión sobre "El Mercado Interior de la Energía" en 1988[29]. En dicho documento se realiza un examen exhaustivo de los distintos obstáculos con que se encuentra un mercado único de la energía, al mismo tiempo que se proponen los instrumentos apropiados para eliminarlos.

En concreto, respecto a los problemas de la integración de la energía en el concepto de mercado único, la mayoría se apoyan en normativas nacionales cuyo origen, a menudo antiguo, se remonta a una época en la que la idea europea aún no existía. Este es el caso, por ejemplo, de todos los obstáculos derivados de los monopolios con perfiles estrictamente nacionales. Otros, más velados pero no por ello menos eficaces para frenar los intercambios dentro de la Unión, guardan relación con especificaciones técnicas. También hay obstáculos con un carácter

---

26 DOCE nº C 241, de 25 de septiembre de 1986, p. 1.

27 HANCHER, L., "A single european energy market - rhetoric or reality?", *Energy Law Journal*, vol. 11, nº 2, 1990, p. 222.

28 GUIBAL, J.-CL. y COMMEAU-YANNOUSSIS, N., "Le marché unique et la politique énergétique", *R.M.C.*, nº 334, Février 1990, p. 138.

29 COM (88) 238 final. Bruselas, 3 de junio de 1988.

eminentemente político, como sucede, por ejemplo, con las ayudas que se otorgan a las producciones nacionales de energía, especialmente de hulla, y que pueden tener una incidencia evidente en los intercambios de electricidad. Además, se detectan obstáculos que son frutos de preocupaciones más bien psicológicas y características de mercados tradicionalmente poco abiertos. Nos estamos refiriendo a la conducta de muchas empresas nacionales de electricidad que lo que quieren básicamente es garantizar su autosuficiencia en un marco nacional.

Por su parte, en relación con las medidas que deben acabar con los impedimentos a la realización de ese gran mercado interior de la energía, se recurre con carácter general a cuatro marcos de actuación. Primero, la puesta en práctica de las disposiciones del Libro Blanco de 1985 que atañen al ámbito de la energía. En este documento se aboga por la armonización de las reglas y normas técnicas, la apertura de los mercados públicos y el acercamiento de los impuestos indirectos. Segundo, y más importante, la aplicación de forma decidida por parte de la Comisión de lo establecido en el Derecho de la UE. Al respecto, la Comisión dispone esencialmente en el TFUE de cuatro conjuntos de instrumentos normativos. De entrada, los que aseguran la libre circulación de las mercancías y de los servicios, después los que se refieren a los monopolios de Estado con carácter comercial, a continuación las reglas de competencia y, por último, las ayudas estatales. El tercer marco de actuación se centra en la consecución de un equilibrio satisfactorio entre la energía y el medio ambiente. Por último, el documento señala dos áreas en las que la acción de la Unión debe incidir de forma prioritaria, a saber, los precios de la energía y el desarrollo de las infraestructuras en las regiones más pobres de la Unión.

Con todo, las reglas sobre libre circulación y sobre ordenación de la competencia juegan un papel esencial de cara a la consecución del mercado interior de la energía[30]. El recurso a este binomio normativo tiene un carácter prioritario para la apertura del mercado energético, principalmente por su aplicación a los sectores del gas y electricidad,

---

30 Al respecto, *vid.* COMMEAU-YANNOUSSIS, N., "The internal energy market", *Energy in Europe*, nº 16, December 1990, p. 46.

que al ser "redes de distribución" han disfrutado de una mayor protección nacional[31]. Mientras el resto de las energías presentan una estructura más competitiva, las dos anteriores están condicionadas por su sistema de transporte y distribución, que sólo puede ser realizado a través de redes. En la mayoría de los casos dichas redes se encuentran en manos de monopolios o empresas con derechos exclusivos. Por ello se plantea cómo articular esta falta de acceso libre al tránsito de gas y electricidad con los postulados del mercado interior, del cual se espera que redunde en una mejor asignación de los recursos energéticos y bajos precios. Además, serían beneficiarios tanto las empresas como los consumidores al incrementarse la eficiencia de la industria y la seguridad del suministro[32]. Se trata, en definitiva, de reducir los poderes monopolísticos que las empresas de gas y electricidad ostentan a través del control de los sistemas de transporte y distribución[33].

2. La evolución posterior

La Comisión llegaba a la conclusión, en una importante Comunicación de 13 de diciembre de 1995[34], de que sólo a través de una mayor

31 CARDOSO E CUNHA, A., "The internal energy market", *J. Energy & Nat. Res. L.*, vol. 9, nº 4, 1991, p. 291. Además, HANCHER, L., señala que la protección nacional de que han disfrutado los sectores del gas y electricidad se ha debido a que el transporte y la distribución de estos dos recursos energéticos ha estado en manos de monopolios nacionales o regionales, muchos de los cuales eran de propiedad pública o alternativamente estaban controlados por holdings de capital estatal o en régimen de concesión, en "Towards a free market for energy?: a legal perspective", *Energy Policy*, vol. 18, nº 3, April 1990, p. 235.

32 MANIATOPOULOS, C.S.,"Energy in the internal European market", *Energy in Europe*, 12/1989, p. 9.

33 SURREY, J., "Beyond 1992 - The single market and EC energy issues", *Energy Policy*, vol. 18, nº 1, January/February 1990, p. 50.

34 COM (95) 682 final, *Libro Blanco sobre una política energética para la Unión Europea*, Bruselas, 13.12.1995. En concreto, dicho Libro Blanco fue el resultado del COM (94) 659 final, *Libro Verde por una política energética de la Unión Europea*, Bruselas, 11.01.1995, cuyo objetivo central fue iniciar un debate amplio sobre cuáles debían ser los objetivos comunes que servirían para ejercer las competencias derivadas de una política energética comunitaria. Debate que suscitó reacciones de todas las instituciones comunitarias, los Estados miembros, los parlamentos nacionales, y más de cuarenta organismos nacionales o comunitarios que representaban todos los intereses económicos, industriales y sociales

solidaridad entre los Estados miembros en cuestiones de energía podían solucionarse los problemas que pesaban sobre ella. Se señala, por tanto, la necesidad de una política energética común, que se basaría en la consecución de cuatro pilares fundamentales. El primero, considerado el factor central y determinante de esa política común, consistiría en liberalizar el mercado interior de la electricidad y el gas natural. Los demás versarían sobre la gestión de la dependencia externa, la protección del medio ambiente y la promoción de la investigación y el desarrollo tecnológico. Asimismo, la Comunicación de la Comisión presentaba un programa de trabajo para desarrollar a lo largo de los próximos años. Al respecto, se incluían actividades de revisión legislativa destinadas a simplificar y hacer más eficaz dicha legislación.

En el sector energético se imponía la racionalización de sus fundamentos jurídicos dispersos en los tres Tratados por aquel entonces, así como la definición de un marco de actuación coherente para el ejercicio de todas las competencias derivadas de los mismos. De este modo se expresó la Comisión en el informe remitido al Consejo durante 1996[35], donde se debía decidir sobre la cuestión de la introducción en el TCE, actual TFUE, de la energía como política común. Desde una perspectiva institucional, dos posibles vías podían contribuir al establecimiento de una política energética a escala europea. La primera sería la Conferencia Intergubernamental de 1996 que debería decidir sobre la necesidad de incluir un título relativo a la energía en el Tratado CE, actual TFUE, como consecuencia de la revisión del Derecho originario. La segunda podría consistir en continuar desarrollando el derecho derivado de la Unión sobre la base de las disposiciones existentes[36]. De las dos posibilidades parece ser que se optó por la segunda. Así, el Tratado de Ámsterdam, fruto de la Conferencia Intergubernamental de 1996 y firmado el 2 de octubre de 1997, no incluyó finalmente ninguna medida relativa a

---

afectados. Y en consecuencia, el Libro Verde permitió al Parlamento debatir abiertamente las opciones de política energética y definir orientaciones que contribuyeron a la preparación del mencionado Libro Blanco.

35 CONF 3838/96, *Informe de la Comisión al Consejo sobre protección civil, turismo y energía*, Bruselas, 12 de abril de 1996.

36 WAETERLOOS, Christian, "Emergence of a community energy policy", *Energy in Europe*, nº 26, December 1995, p. 54.

una política energética en el Tratado en cuestión. Por consiguiente, en esos momentos, la política energética continuaba siendo un asunto de índole nacional y, todavía, persistían diferencias importantes entre las políticas nacionales, a pesar de que la mayoría de los Estados miembros compartían retos y problemas similares[37].

Hay que esperar hasta el Tratado de Lisboa, que entró en vigor el 1 de diciembre de 2009, para encontrar una referencia expresa a la energía en el Derecho originario. El Título XXI del TFUE, con un solo precepto, el artículo 194, se dedica a este importante sector. A partir de ese momento, la política energética de la Unión recibió el respaldo decisivo para su implementación. En concreto, se indica que tendrá por objetivo, en primer lugar, garantizar el funcionamiento del mercado de la energía. También debe preocuparse de la seguridad del abastecimiento energético en la Unión. Además debe fomentar la eficiencia y el ahorro energético, así como el desarrollo de energías nuevas y renovables. Sin olvidar promover la interconexión de las redes energéticas. Con todo, la regulación mencionada no es la única existente para disciplinar la energía en la UE. También se alude a este importante sector en el artículo 122 del TFUE, para tomar medidas que aseguren el abastecimiento en caso de dificultades graves de suministro. Por su parte, el Título XVI del TFUE, con los artículos 170 a 172, se ha preocupado de las redes transeuropeas para establecer las infraestructuras energéticas adecuadas en los Estados miembros. Sin olvidar a la energía nuclear que, a través del Tratado constitutivo de la Comunidad Europea de la Energía Atómica, ha recibido la cobertura jurídica necesaria para desarrollar la mayoría de las actuaciones europeas en este ámbito[38].

---

37 McGOWAN, F., *European energy policies in a changing environment*, ENER, 1996, p. 17.

38 También se debería citar, por afectar a la política energética, aunque sin referirse a ella expresamente, el art. 114 del TFUE sobre la aproximación de las legislaciones para la creación de un mercado interior de la energía. Además, los artículos 216 a 218 del TFUE se preocupan de la política exterior de la energía a través de la celebración de acuerdos internacionales.

3. La situación actual

Conseguida la integración en materia de energía, en la que participan todos los estados miembros, el secesionismo británico supone un punto de inflexión en este proceso. El enfoque de la Unión Europea en estos momentos se centra en conseguir una Unión de la Energía resiliente con una política climática prospectiva. A tal efecto, la Comunicación de la Comisión, publicada el 25 de febrero de 2015[39], apuesta por ofrecer a los consumidores de la UE –hogares y empresas– una energía segura, sostenible, competitiva y asequible. Desde el lanzamiento de esta estrategia marco, la Comisión Europea ha publicado varios paquetes de medidas e informes de progreso periódicos, que monitorean la implementación de esta Unión de la Energía. Un total de seis informes se han publicado hasta ahora, siendo el último de fecha 26 de octubre de 2021[40]. Según el sexto documento, se pone el acento en acelerar la descarbonización y las energías renovables. La mayoría de los Estados miembros están cerca de alcanzar los objetivos marcados por la UE en ambos aspectos, pero con la ausencia del RU se atisban mayores incertidumbres.

Desde el 1 de enero de 2021, el RU ha abandonado el mercado único y la unión aduanera, así como todas las políticas de la Unión, dentro de las que se incluye la energética. La UE, por un lado, y los británicos, por otro, serán los responsables de haber constituido dos mercados separados, con sendos espacios normativos y jurídicos distintos. Como consecuencia, se van a generar obstáculos al comercio de bienes y servicios, así como a la movilidad y a los intercambios transfronterizos[41]. La energía no va a ser una excepción y el Reino Unido se quedará fuera del espacio económico común que la UE ha ido desarrollando progresivamente. Por lo tanto, todo lo construido hasta ahora se ha visto desmoronado en las relaciones con los británicos, que ya no contarán con el respaldo de la organización internacional y, por ende, con

---

[39] COM (2015) 80 final. Bruselas, 25 de febrero de 2015.

[40] COM (2021) 950 final. Bruselas, 26 de octubre de 2021.

[41] FERNÁNDEZ ROZAS, J.C., "Goodbye Britain!: Acuerdo de Comercio y Cooperación entre la Unión Europea y el Reino Unido", *LA LEY Unión Europea*, nº 88, enero 2021.

la ayuda de los Estados miembros. Empieza su andadura en solitario para la gestión energética, lo que supone garantizar el abastecimiento y el suministro seguro por sí mismos. Solo se tienen a ellos y deben ser capaces de administrar el acervo conseguido mientras duró su pertenencia al mercado único de la energía.

Por su parte, parece que los analistas del sector de la energía presagian un entorno caracterizado por un crecimiento macroeconómico desigual. En el nuevo escenario que se acabe implantando, sería posible encontrar una escasa coordinación entre los gobiernos a nivel global. Por su parte, la industria privada podría convertirse en el vector que impulse el desarrollo energético, incursionando en el despliegue de las renovables, promoviendo la sostenibilidad del sistema y apoyando la eficiencia energética[42]. No se nos escapan las divergencias que este modelo alejado de lo público puede tener en el panorama geopolítico. Por una parte, la UE apuesta en estos momentos por el Pacto Verde para reducir las emisiones contaminantes y priorizar la eficiencia energética. Por otra, China tiene puesto el foco en la tecnología para el desarrollo de energías alternativas y el crecimiento de la movilidad eléctrica. Mientras que Estados Unidos se centra en las renovables, al mismo tiempo que su producción de hidrocarburos estará condicionada por su propio consumo y el de los restantes países. Además, habrá zonas menos desarrolladas que verán limitado su acceso a los recursos y a las tecnologías disponibles. Se podría inferir de todo lo anterior, que nos podríamos encontrar con un escenario global caracterizado por una asimetría energética en las diferentes partes del mundo y con efectos muy dispares en función del lugar del planeta concernido.

En este entorno energético heterogéneo, la irrupción del Brexit supone la reaparición en las relaciones UE-RU del fenómeno frontera y el establecimiento de aduanas, lo que supone cumplir con las nuevas normas que regulen los intercambios. Así, por un lado, será necesario

---

42 *Vid.*, por todos, REQUEJO, F., "El futuro del sector de la energía en un mundo posCovid". Opinión. *Cinco Días,* 22 de septiembre de 2020. Disponible en el siguiente enlace: https://cincodias.elpais.com/cincodias/2020/09/18/opinion/1600442921_802448.html (fecha de consulta: 15 de septiembre de 2021).

respetar los requisitos formales para la entrada de las mercancías, que van desde las autorizaciones preceptivas hasta los controles de calidad, entre otros. Por otro lado, se puede producir un incremento en los costes de puesta a disposición de las mercancías al público, como podría suceder por el pago de aranceles, lo que puede reducir la capacidad competitiva de los operadores económicos británicos frente a los establecidos en la UE[43]. Por lo que se refiere a la energía, ambas partes podrán seguir conectadas y realizando intercambios, aunque cada una seguirá políticas energéticas independientes. La principal interesada en seguir manteniendo el negocio es la UE, ya que es la que tiene superávit en el suministro al mercado británico[44]. Para explicitar esta buena sintonía en materia energética, se puede acudir al artículo 299 del acuerdo de comercio y cooperación, donde se señala el objetivo que pretenden conseguir. Al respecto, se indica que se trata de facilitar el comercio y la inversión entre las Partes en los ámbitos de la energía y las materia primas, así como mejorar la seguridad de suministro y la sostenibilidad, especialmente contribuyendo a la lucha contra el cambio climático.

Los aspectos medioambientales del acuerdo han pesado en la solución final alcanzada. Hasta tal punto ello es así, que hay un capítulo 3, dentro del título VIII, del epígrafe primero, de la segunda parte del acuerdo, dedicado a la energía segura y sostenible. Tanto el RU como la UE apuestan firmemente por el apoyo a las energías renovables, en el artículo 320. Además, se comprometen mutuamente a cooperar en el desarrollo de estas fuentes alternativas y se muestran firmes en la lucha contra el cambio climático. En relación con esto último, consideran que representa una amenaza existencial para la humanidad y no dudan en declarar su compromiso de fortalecer la respuesta mundial a este desafío, en el artículo 764. Incluso el artículo 771 del Acuerdo cataloga la lucha contra el cambio climático como un elemento esencial de la

[43] BONMATÍ SÁNCHEZ, J. y GONZALO DOMENECH, J.J., "Impacto del Brexit en el comercio electrónico y el mercado único digital de la UE", en Alfonso Ortega Giménez (Dir.), *Brexit: persona, empresa y sociedad,* Aranzadi, 2020, p. 185.

[44] En concreto, la UE suministra al mercado británico un 12% de su consumo de gas y hasta un 10% de su electricidad, tal y como señalan FEÁS, E. y ANCHUELO, A., "Las claves del Acuerdo de Comercio y Cooperación entre la UE-27 y el Reino Unido", ARI 5/2021, *Real Instituto Elcano,* 15 de enero de 2021.

asociación establecida entre ambas partes. En consecuencia, el incumplimiento grave y sustancial de cualquiera de las obligaciones que les incumban a este respecto podría acarrear la terminación del acuerdo o la suspensión de su aplicación, total o parcial, de conformidad con el artículo 772. Para lo que debe tenerse en cuenta que las obligaciones a respetar son las establecidas en el Acuerdo de París[45], adoptado el 12 de diciembre de 2015, en la COP21 de la capital francesa.

En cualquier caso, el abandono del RU de la UE podría acarrear consecuencias para ambas partes, aunque los efectos serían asimétricos. Mientras que el mercado británico se vería más afectado, el de la UE podría experimentar un impacto de menor magnitud. El que se queda solo sería previsible que invirtiera en sobrecapacidad doméstica para garantizar el suministro. Por su parte, los que se encuentran inmersos en la integración, al disponer de una mayor dimensión y actuar conjuntamente, serían capaces de minimizar cualquier desajuste[46]. Bien es cierto que David venció a Goliat, por lo que podría producirse la situación inversa, es decir, que una respuesta individual ante cualquier dificultad fuera más rápida que una conjunta.

Pero lo que el acuerdo de comercio y cooperación nos enseña es que, en materia energética y en particular para el suministro de electricidad y gas, ni el uno está solo ni los otros se tienen únicamente a ellos mismos. Muy al contrario, se constata, por ejemplo, que, en materia de infraestructuras energéticas, tanto para la electricidad como para el gas que conectan el territorio del RU y el de la UE, se propugna la cooperación entre ambas partes para facilitar el desarrollo y la interoperabilidad, en virtud del artículo 314. También en relación con el comercio a través de interconectores eléctricos[47] y de gas entre el

45 DO L 282/4 de 19.10.2016.

46 HERNÁNDEZ GARCÍA, A., *Brexit: implicaciones para el sector energético; consideraciones en caso de "no acuerdo"*, Documento FUNSEAM, 04-2018. Disponible en: https://funseam.com/wp-content/uploads/2018/12/k2_attachments_Informe_FUNSEAM-0418-BREXIT_-_Implicaciones_para_el_sector_energetico.pdf (fecha de consulta: 17 de noviembre de 2021).

47 En concreto, Gran Bretaña tiene interconexiones con Francia, los Países Bajos, Irlanda del Norte, República de Irlanda, Bélgica y Noruega, lo que se considera importante por su

RU y la UE, se apuesta por la coordinación de ambos para reducir los obstáculos a los intercambios, de conformidad con los artículos 311 y 313. Por lo tanto, la nueva etapa abierta por el Brexit no parece haber cambiado excesivamente las relaciones energéticas entre los antiguos socios de la UE, que ahora se han convertido en asociados. Se constata, en este sentido, que parecen dispuestos a mantener los negocios internacionales de energía de forma muy parecida a como se venían desarrollando antes de la salida.

IV. EL COMERCIO DE LA ELECTRICIDAD

La electricidad representa una parte completa y vital dentro del balance energético de la Unión. Su uso contribuye de manera importante a la productividad industrial y la calidad de vida. Además, la electricidad es el principal vector de contribución al uso de las energías primarias como el carbón, el petróleo, el gas natural, la nuclear y las renovables (hidráulica, solar y eólica, fundamentalmente)[48]. Sin embargo, la industria eléctrica tradicional ha sido monopolista y nacionalista, contraria a la competencia interior, al libre acceso a las redes y a la libertad de circulación[49]. Esta situación descrita se ha debido a los condicionamientos específicos que afectan a dicho sector. Así, por un lado estarían los que podríamos denominar físicos, es decir, aquellos derivados de las propias peculiaridades del sector. Por otro lado, se podrían encontrar los que cabría catalogar de estructurales. Se trata, en este último caso, de los originados por la diversidad de formas que adoptan las empresas eléctricas en los diferentes Estados miembros.

---

aportación al equilibrio del sistema energético, dada la generación de energías renovables intermitentes prevista para los próximos años. *Vid.*, KEAY, M. y ROBINSON, D., "Brexit: consecuencias para la energía", *Cuadernos de Energía,* Marzo de 2017, pp. 7 y 8.

[48] Aunque también el gas presenta similitudes con el sector eléctrico, el mayor peso específico de este último, basado en una fuente de energía derivada que puede ser obtenida de una variada gama de recursos energéticos primarios, concentra especialmente nuestra atención.

[49] *Vid.* ARIÑO ORTIZ, G., "El mercado interior de la electricidad en Europa. Estado de la cuestión y tendencias en el umbral de 1995", *Noticias de la UE*, nº 125, junio de 1995, p. 14.

Dentro de los condicionamientos físicos, podríamos empezar por señalar los tres momentos que integran necesariamente la actividad del sector eléctrico[50]. Así, en una primera fase aparece la producción de electricidad a partir de las fuentes de energía primaria, que sigue con la fase de transporte a través de las grandes redes y finaliza con la distribución o suministro a los consumidores. Ahora bien, el transporte por las redes desempeña una función substancial en el correcto funcionamiento del ciclo eléctrico. La electricidad, a diferencia de otros bienes, no puede ser almacenada por el usuario, por lo que la oferta y la demanda tienen que mantener constantemente una correspondencia equilibrada para asegurar el abastecimiento. De tal forma que, en esta labor de ajuste, el transporte de electricidad se convierte en un elemento indispensable, al poner en relación tanto la oferta de electricidad producida como la distribución demandada.

Además, la necesidad de coordinar la producción y el consumo de electricidad sin interrupción exige garantizar unos niveles aceptables de fiabilidad y suministro seguro. Esto último, unido al peculiar sistema de transporte empleado en este sector (cables eléctricos, también conocidos como "redes de distribución") permite calificar esta fase de monopolio natural con intervención del estado[51]. Al respecto, se entien-

---

50 En este sentido se manifiesta DÍAZ LEMA, J.M., *Sector energético: política y derecho*, Serie ensayos - 6, Palma de Mallorca, 1984, p. 39, que puntualiza, además, lo siguiente: "Tradicionalmente, doctrina y jurisprudencia han acogido la tesis de que era necesario distinguir dentro de la actividad del sector eléctrico tres momentos."... Por su parte, también SALAS HERNÁNDEZ, J., *Régimen jurídico-administrativo de la energía eléctrica*, Publicaciones del Real Colegio de España, Bolonia, 1977, reconoce la existencia de tres fases en todo el conjunto del ciclo eléctrico. Mientras que MARTÍN MATEO, R., *Derecho público de la economía*, Editorial CEURA, 1985, p. 146, considera que el sistema eléctrico abarca hasta cuatro segmentos: producción, transporte, distribución y suministro. Además, ORTEGA JACKSON, I., "Modelos de organización de la industria eléctrica", *ICE*, nº 723, noviembre 1993, p. 51, sostiene que un sistema eléctrico se compone de cuatro fases de muy distintas características en cuanto a su consideración económica. Así, mientras que la producción admite la introducción de un cierto grado de competencia, los sistemas de transporte y distribución presentan rasgos de monopolio natural, en tanto que la comercialización del producto eléctrico se presta a la libre concurrencia de agentes.

51 JACCARD, M., "Oscillating currents. The changing rationale for government intervention in the electricity industry", *Energy Policy*, vol. 23, nº 7, 1995, p. 580. Además, según este autor, en el sector eléctrico se puede constatar que duplicar los sistemas de

de que se origina un monopolio natural, cuando el coste de producción de una empresa individual para producir una cantidad determinada es inferior al que obtendrían varias empresas para producir la misma cantidad[52]. En definitiva, ciertas actividades económicas (*v.g.* las relativas al sector eléctrico), por su propia naturaleza, suelen ser explotadas bajo forma de monopolio. Esta solución parece justificada por las economías de escala que procura un solo operador a nivel nacional[53]. Es más, las propias peculiaridades del sector eléctrico han conducido a su inserción dentro de la noción de "monopolio natural", calificado así porque la falta de competencia se debe, en principio, a causas naturales, siendo inimaginable que la concurrencia de otras empresas mejorara la eficiencia de la industria[54].

Asimismo, la electricidad puede ser catalogada como un bien público, esto es, como un bien caracterizado por ser no exclusivo (por ejemplo, el alumbrado público que beneficia a todos con independencia de quien lo pague) o no divisible (por ejemplo, el uso de una biblioteca pública por un individuo que no restringe o impide el uso por otros). Por consiguiente, los bienes públicos pueden ser considerados como necesarios porque son esenciales para el bienestar de la sociedad. Pero surge un problema ya que, debido a la naturaleza de estos bienes, el libre mercado es incapaz de suministrarlos. La causa principal se encuentra en la existencia de las externalidades, es decir, en el hecho de que los particulares no estarán incentivados en invertir en un bien cuyo coste sólo pagan ellos, mientras que los beneficios favorecen a un núcleo más

---

distribución a través de empresas competitivas supone unos costes mucho más altos; así como también unas plantas amplias de generación acaban por tener unos costes de producción más bajos que las pequeñas unidades. Por consiguiente, en un sector de este tipo, el resultado óptimo se obtiene cuando el monopolio está permitido, a pesar de tener que estar controlado por alguna forma de intervención estatal con el fin de asegurar una gestión eficiente aunque se renuncie a la obtención de un mayor beneficio.

52 ÁLVAREZ PELEGRY, E., *Economía industrial del sector eléctrico: estructura y regulación*, Civitas, Madrid, 1997, p. 43.

53 HATZOPOULOS, V., "L'<Open network provisions> (ONP) moyen de la dérégulation", *R.T.D.E.*, 30 (1) janv.-mars 1994, p. 63.

54 FERNÁNDEZ ROZAS, J.C. y NEBOT LOZANO, J.Mª., "La libre circulación de la energía eléctrica en la Unión Europea", *La Ley Unión Europea*, nº 4639, miércoles, 30 de septiembre de 1998, p. 1.

amplio de la sociedad. En tales circunstancias, la intervención estatal es el único medio de asegurar la provisión de estos bienes[55]. Todo lo cual, crea un obstáculo muy importante para que el sector eléctrico pueda gestionarse en completa libertad, esto es, sin interferencias gubernamentales que dificulten el comercio transfronterizo de electricidad.

Por su parte, los condicionamientos estructurales resultan de la variedad de tipos de organización empresarial que existen en el panorama eléctrico. Un primer dato característico de la industria eléctrica en Europa es la elevada concentración en los mercados nacionales. Lo que en el pasado eran industrias eléctricas basadas en un modelo cerrado con derechos de exclusiva[56], en la actualidad se han transformado en estructuras empresariales sustentadas en oligopolios[57]. Además, en la mayor parte de los casos se produce una considerable integración vertical y se constata una presencia elevada de titularidad pública en el capital de las empresas. Esto último, por ejemplo, genera una importante asimetría entre las privatizadas y las que presentan un volumen significativo de capital público[58]. En virtud de esa asimetría, se identifican mercados más exigentes o competitivos, frente a otros con una menor disciplina y pocas restricciones. En este segundo caso, se obtienen mayores ventajas que los supuestos donde hay una mayor supervisión y exigencia[59]. Todo lo cual introduce una gran diversidad, por el diferente grado de intervencionismo que el Estado puede llegar a ejercer sobre el sector. A su vez, la circunstancia relativa a los distintos

---

55 MITTRA, B., LUCAS, N. y FELLS, I., "European energy: balancing markets and policy", *Energy Policy*, vol. 23, nº 8, 1995, p. 690.

56 ARIÑO ORTIZ, G. y LÓPEZ DE CASTRO GARCÍA-MORATO, L., "Regulación del sector de la energía", en Gaspar Ariño Ortiz, *Principios de Derecho Público Económico (Modelo de Estado, Gestión Pública, Regulación Económica),* Comares, Granada, 1999, p. 607.

57 PALAZUELOS MANSO, E. y VARA MIRANDA, M.J., "Las reformas liberalizadoras en el sector energético de la Unión Europea", *Revista de Economía Mundial,* 18, 2008, p. 429.

58 LÓPEZ DE CASTRO, L., "Estructura empresarial de la industria eléctrica y gasista. Situación y tendencias", en Ariño y Asociados, *Enegía en España y Desafío Europeo. Seguridad, concentración empresarial, competencia, regulación,* Comares, Granada, 2006, p. 69.

59 DE LA CRUZ FERRER, J., "Las asimetrías reguladoras en el mercado interior de la energía", en Varios autores, *La nueva regulación eléctrica. VII Jornadas jurídicas del sector eléctrico,* Civitas, Madrid, 2002, p. 497.

tipos de organización empresarial existentes, también acaba siendo un obstáculo a la consecución de un mercado eléctrico libre de toda interferencia. Desde países que mantienen la estructura precedente, donde una única empresa controla la mayor parte de las fases del ciclo eléctrico, como Portugal o Grecia, hasta los que muestran una situación más descentralizada, como Italia. También hay situaciones intermedias, donde predomina un grupo de empresas privadas que mantienen el control vertical del ciclo eléctrico, tal y como ocurre en Alemania, España, Holanda y Luxemburgo[60]. En definitiva, poca homogeneidad que es susceptible de establecer trabas al comercio transfronterizo intracomunitario –por ende, también con terceros Estados– y comprometer las operaciones de intercambio en el sector eléctrico.

1. La liberalización de los intercambios eléctricos

Con los datos esgrimidos en el epígrafe anterior, se puede comprender que el mercado eléctrico permanece muy compartimentado, impidiendo el desarrollo normal de las operaciones de intercambio. Por lo tanto, se ha considerado imprescindible proceder a su reestructuración, mediante el establecimiento de medidas legislativas y la aplicación del Derecho de la Unión. En estas dos tareas, conducentes a la total liberalización del sector eléctrico en la UE, participa activamente la Comisión. Así, las propuestas de medidas legislativas, en concreto directivas[61],

---

[60] PALAZUELOS MANSO, E. y VARA MIRANDA, M.J., *op.cit.* nota 55, pp. 430 -432. También el RU presenta una situación muy descentralizada, con cuotas de mercado diseminadas en todas las fases. Esta característica podría generar preocupación en las autoridades británicas ante la nueva etapa post Brexit. La inquietud estaría relacionada con la segmentación de actividades existente, a cargo de empresas de tamaño medio y pequeño, lo que sería susceptible de favorecer la penetración de grandes compañías extranjeras. De tal forma que la entrada de nuevos competidores sería susceptible de producirse con la adquisición de paquetes mayoritarios o de la totalidad de las empresas nacionales. Este escenario daría lugar a una dinámica concentradora que tendería a re-verticalizar las fases del ciclo eléctrico, pero ahora con mayor control extranjero.

[61] A este respecto, hay que tener en cuenta que, de acuerdo con el art. 288 del TFUE, la directiva obligará al Estado miembro destinatario en cuanto al resultado que deba conseguirse, dejando, sin embargo, a las autoridades nacionales la elección de la forma y de los medios.

ante el Consejo para abrir la producción, el transporte y la distribución de electricidad se han debido, sobre todo, a la actuación de la Comisión con arreglo al artículo 114 del TFUE. Aunque también la Comisión ha procedido a la aplicación de las normas del actual TFUE, a través de las decisiones en materia de competencia. Así mismo, se ha exigido por la Comisión ante el Tribunal de Luxemburgo el cumplimiento del Derecho de la UE vigente, en particular, de las normas sobre libre circulación de bienes y sobre competencia. Junto a ello, las instancias judiciales han tenido la ocasión de pronunciarse sobre la interpretación del Derecho de la UE, suministrando las pautas para la correcta apreciación del alcance que la liberalización del sector eléctrico ha de tener en el contexto de la actual Europa de los 27.

Por lo tanto, de la combinación adecuada del derecho derivado y del recurso al actual TFUE se ha ido progresando en la integración del sector eléctrico. Se trata de eliminar los obstáculos existentes en el camino hacia la total liberalización del sector. Liberalización que tiene como objetivo una estructura plenamente concurrencial. Aunque un obstáculo evidente a este respecto podría originarse como consecuencia de la posición dominante de los operadores históricos sobre los mercados liberalizados (por ejemplo, porque posean una parte amplia del mercado o las infraestructuras de red o cualesquiera otros recursos esenciales). Además, su tendencia natural será la de abusar de esta posición dominante para evitar la entrada de nuevos competidores[62]. Así, hace tiempo que se ha impuesto un enfoque basado en la desregulación y la privatización de las empresas eléctricas[63], en tanto en cuanto entra

---

62 GERADIN, D., "L'ouverture à la concurrence des entreprises de réseau - analyse des principaux enjeux du processus de libéralisation", *Cahiers de Droit Europeen*, nº 1 - 2, 1999, p. 28.

63 A este respecto, dicha tendencia se origina como consecuencia de los cambios económicos que se producen en el RU y en los Estados Unidos a finales de los años 70 y a comienzos de los 80, que se imponen internacionalmente y devienen los elementos de un movimiento que implanta un concepto de gestión pública aceptado de forma casi universal. Así pues, el papel esencial de los poderes públicos se pone en duda y, en su lugar, aparece un movimiento de desregulación y un retorno a las ideas de libre mercado. Además, desde un punto de vista conceptual, la diferenciación tradicional entre sector público y privado se hace menos evidente. En este sentido, *vid.* JOHNSTON, J. y CALLENDER,

en quiebra la doctrina de los monopolios naturales[64] y se postula la ideología de la liberalización[65]. Esto último consiste en la eliminación de todas las regulaciones prolijas y confusas y su sustitución por reglas escasas, de aplicación en espacios territoriales amplios y con los contenidos más claros[66]. Igualmente, afecta a las posiciones jurídicas especiales de que han disfrutado las empresas públicas, sobre todo aquellas encargadas de la gestión de servicios públicos en los Estados europeos[67]. En consecuencia, se asiste a un aperturismo del mercado,

G., "Gouvernements vulnérables: disqualification inconsciente dans le nouveau modèle mondial économique et managérialiste?", *RISA*, 1/1997, p.47.

64 La doctrina de los monopolios naturales entre en quiebra por haberse opuesto al desarrollo de las empresas en algunos sectores económicos básicos; por el mínimo dinamismo de este tipo de monopolios en materia de innovación tecnológica; su escaso efecto de economía de escala, que no trasciende en reducciones efectivas de los costes; la mínima independencia entres las instancias de regulación y los operadores, que determina inmediatamente la aparición del fenómeno de la captura del regulador por el operador, etc. En este sentido, se manifiesta MUÑOZ MACHADO, S., *Servicio público y mercado: I. Los fundamentos*, Civitas, Madrid, 1998, pp. 18 y 19.

65 A este respecto, el valor libertad económica es el valor estrella. Siendo sus características principales las siguientes: liberalismo político y económico, privatizaciones, eficiencia, competitividad, crítica al igualitarismo, disminución de las redes de seguridad para el perdedor del mercado, enfoque empresarial y neoclasicismo económico. En este sentido, *vid.* GÁMIR, L., *Nuevos valores y el papel relativo del sector público*, Economía española, cultura y sociedad, Homenaje a Juan Velarde, EUDEMA, Tomo II, 1992, pp. 50 y 51.

66 En consecuencia, existe, parece ser, un consenso generalizado de que un mínimo de regulación es un componente necesario de los cambios actuales que se están produciendo en el sector eléctrico. De tal forma que habría regulación en todos los Estados miembros, con independencia de que estuviera formalizada o no. Así, en algunos Estados, un acuerdo contractual de planificación tendría una función cuasi-regulatoria; mientras que en otros, un control sobre los precios o las autoridades de la competencia jugarían un papel similar. *Vid.* McGOWAN, F., "Electricity reform in the EC: Issues and consequences", *Energy Utilities*, November 1993, p. 35. La regulación se configura como el conjunto de reglas legales introducidas en la Unión Europea y en otros países, cuyo objetivo es incentivar la competencia en actividades que se caracterizan por la presencia de una red. Esto último se considera esencial para asegurar la conexión con los usuarios. Al mismo tiempo, produce ventajas importantes y condiciona el balance de la economía, por lo que se justifica la aplicación de unas reglas específicas. *Vid.* TRAN THIET, J.-P., "The regulation of networks and relations between industry and trade: a french perspective", *ECLR*, Issue 7, 1998, p. 474.

67 MUÑOZ MACHADO, S., Servicio público y mercado: I. Los fundamentos, *op.cit.* nota 63, pp. 18-21.

donde el comercio de electricidad deja de estar intervenido solo por el Estado y en el que hay espacio para la iniciativa privada.

2. Las consecuencias del Brexit en los negocios internacionales de electricidad

Con la llegada de las tendencias liberalizadoras, se hicieron evidentes los beneficios de un sector eléctrico más integrado. Una manifestación de este fenómeno se puede encontrar en el incremento de los intercambios transfronterizos entre operadores de proximidad. Este comercio de electricidad permite aprovecharse de los diferentes modelos de generación que se hayan implementado en cada país. También favorece un mejor uso de las renovables, por cuanto permite equilibrar las condiciones desiguales de energía eólica y solar de los Estados miembros. Incluso estos negocios internacionales entre empresas eléctricas son más preferidos a veces que la construcción de nuevas centrales de generación[68]. En suma, se constata que en la actualidad el sector eléctrico está considerado un mercado donde las empresas se inclinan hacia la satisfacción de intereses económicos y en el que se tiende a la fijación de los precios según las leyes de la oferta y la demanda. Aunque, al mismo tiempo se comprueba la presencia de un alto componente público, lo que responde a la intervención del Estado en aras de garantizar la seguridad del suministro. El resultado es un *mixti fori* de lo público y lo privado en la regulación aplicable a las relaciones contractuales entre los operadores económicos[69].

Por lo que se refiere a la electricidad, el acuerdo de comercio y cooperación facilita la continuidad de los flujos de energía gracias al establecimiento de nuevos regímenes comerciales sobre los interco-

---

68 MEEUS, L. and REIF, V., "Why did we start with electricity markets in Europe?", en Leonardo Meeus (ed.), *The evolution of electricity markets in Europe,* Edward Elgar Publishing Ltd., United Kingdom, 2020, pp. 12 y 13.

69 GONZÁLEZ VARAS IBÁÑEZ, S., Los mercados de interés general: telecomunicaciones y postales, energéticos y de transportes. Privatización, liberalización, regulación pública y Derecho de la competencia, Comares, Granada, 2001, pp. 297 y 322.

nectores[70]. El tráfico energético externo entre el RU y la UE se mantiene y queda circunscrito, en el artículo 311, a las reglas del mercado, transparencia y no discriminación. Estas últimas, en tanto que suponen obligaciones económicas previstas en un acuerdo bilateral y destinadas a disciplinar el comercio internacional, pueden llegar a invalidar las normas discriminatorias de Derecho internacional privado. Así, en el caso de que las reglas de conflicto condujeran a la elección de un derecho aplicable que resultara contrario a las obligaciones económicas internacionales, dicha designación podría llegar a ser rechazada[71]. Se trata, en definitiva, de la confluencia del Derecho internacional público y privado en las relaciones que se vinculan con más de un ordenamiento jurídico.

Otra dificultad que se puede acabar produciendo en el comercio de electricidad estaría relacionada con los estándares y normas técnicas aplicadas a los intercambios económicos entre operadores privados. En concreto, el acuerdo de comercio y cooperación se refiere a ello en el artículo 323, cuando alude a que las partes promoverán la cooperación entre los reguladores y los organismos de normalización. Lo que se pretende con esta labor conjunta es facilitar la elaboración de normas internacionales con respecto a la eficiencia energética y la energía procedente de fuentes renovables. Pues bien, no debemos perder de vista que el GATT 1994 y el Acuerdo sobre Obstáculos Técnicos al Comercio (OTC) ofrecen orientación jurídica suficiente para discernir lo que puede ser catalogado de excesivo y proteccionista en las legislaciones internas correspondientes. De tal forma que el nuevo bilateralismo entre el RU y la UE puede incrementar los costes y reducir la competitividad de las empresas. El motivo no sería otro que la necesidad de producir de conformidad con la variedad de estándares existentes para cada específico mercado. En una situación como la descrita, se acaba

---

[70] Comisión Europea, "Acuerdo de Comercio y Cooperación entre la UE y el Reino Unido. Una nueva relación, con grandes cambios", diciembre de 2020, Disponible en: https://ec.europa.eu/info/sites/default/files/file_import/eu-uk-tca-brochure_es.pdf (fecha de consulta: 12.11.2021).

[71] MILLS, A., The confluence of public and private international law. Justice, pluralism and subsidiarity in the international constitutional ordering of private law, Cambridge University Press, 2009, p. 290.

desembocando en un problema de fragmentación. Aunque puede ser mitigado, si el RU es capaz de mantener unilateralmente lo previsto al respecto por la UE y adoptar lo que corresponda en línea con ella[72]. Se infiere de lo dicho que, por el tamaño de las economías de ambas partes, será más que probable que prevalezcan los criterios de la organización internacional supranacional versus los del Estado británico.

Para ilustrar lo anterior, se puede hacer referencia a la propuesta de reglamento presentada por la Comisión Europea, el 14 de julio de 2021, por la que se establece un mecanismo de ajuste en frontera por carbono (MAFC)[73]. El objetivo de esta medida se explicita en el artículo 1 de la propuesta y consiste en hacer frente al problema de las emisiones de gases de efecto invernadero implícitas en ciertas mercancías, dentro de las que se incluye a la electricidad. Para su aplicación se tiene en cuenta el momento de su importación en el territorio aduanero de la Unión, con el fin de evitar el riesgo de fuga de carbono. De tal forma que se crea, por un lado, una obligación por parte de los importadores de solicitar una autorización para importar mercancías cubiertas por el MAFC a la UE. Por otro, los declarantes autorizados deben comprar y entregar certificados MAFC relativos a las importaciones dirigidas a la UE, en el caso de las mercancías originarias de terceros países que estén cubiertas por el MAFC.

Pues bien, se plantean serias dudas sobre la compatibilidad del futuro MAFC con la OMC. En concreto, el requisito de solicitar una autorización y luego comprar y entregar certificados MAFC podría ser inconsistente con las obligaciones de la UE en los artículos II, III y/o XI del GATT 1994[74]. Aunque, al mismo tiempo, el planteamiento presen-

---

72 COTTIER, T., "Trade policy in the age of populism: why the new bilateralism will not work", en Oonagh E. Fitzgerald and Eva Lein (eds.), *Complexity's Embrace. The International Law Implications of Brexit.* Centre for International Governance Innovation, 2018, pp. 77 y 78.

73 COM (2021) 564 final. Bruselas, 14 de julio de 2021.

74 *Vid.*, el informe del Parlamento Europeo "Hacia un mecanismo de la Unión de ajuste en frontera por emisiones de carbono compatible con la OMC", Documento de sesión A9-0019/2021, de 15 de febrero de 2021. Disponible en: https://www.europarl.europa.eu/doceo/document/A-9-2021-0019_ES.pdf (fecha de consulta: 27 de diciembre de 2021).

tado por la Comisión parece que pretende justificar cualquier incompatibilidad con la OMC sobre la base de las excepciones generales contempladas en el articulo XX de GATT 1994, apoyándose en el enfoque medioambiental del MAFC. Como quiera que sea, se trata de una medida que puede impactar en las importaciones de electricidad procedentes del RU. Aunque también se prevé excepcionar la aplicación del MAFC, cuando el tercer país se ajuste a las condiciones previstas en el artículo 2.7 de la propuesta. Se trata, *grosso modo,* de que el país en cuestión aplique el Derecho de la Unión en el ámbito de la electricidad, incluida la legislación sobre el desarrollo de fuentes de energía renovables, así como otras normas en el ámbito de la energía, el medio ambiente y la competencia. Se consigue, de esa manera, que predominen los niveles de ambición climática de la Unión en detrimento del modelo de acción por el clima de terceros países.

V. LA RESOLUCIÓN DE CONTROVERSIAS

Lo primero que llama la atención, en materia de gobernanza del Acuerdo de comercio y cooperación, es la victoria conseguida por el RU. A tal efecto, uno de sus principales deseos con el Brexit, cual era el de quedar fuera de la jurisdicción del TJUE, se ha cumplido. De tal forma que la sexta parte del acuerdo se dedica a la solución de diferencias, que se caracteriza por establecer un procedimiento diseñado al efecto y aplicable a todo lo regulado por la norma internacional en su conjunto. Bien es cierto que, de haberse producido la salida sin acuerdo, el RU hubiera quedado bajo la órbita jurídica de la Organización Mundial del Comercio (OMC). En esta última hay pocas referencias a la materia energética en su normativa, por lo que sería otra la regulación internacional implicada para disciplinar los incumplimientos que pudieran producirse. Un instrumento importante en este contexto es el Tratado sobre la Carta de la Energía (TCEE)[75], que se caracteriza por contener provisiones programáticas más que de carácter autoejecutivo. Pero al mismo tiempo concede a los firmantes la posibilidad de activar un

---

75 BOE núm. 117, de 17 de mayo de 1995.

mecanismo de solución de controversias[76]. En concreto, sería el artículo 27 del Tratado el aplicable por cuanto regula un arbitraje internacional entre la Partes contratantes. Por lo tanto, el RU puede requerir al resto de países de la UE y viceversa por incumplimientos regulados en el TCEE, desde que dejara de ser miembro de la organización internacional supranacional, salvo que otros compromisos internacionales entre ellos lo postergaran.

Como quiera que la salida del RU de la UE se ha producido con acuerdo, interesa sobre todo resaltar el mecanismo de solución de controversias previsto al efecto. Llama la atención que se haya respaldado la tesis británica de impedir la actuación del TJUE[77], para conocer de las controversias derivadas de la interpretación y aplicación del acuerdo[78]. El artículo 4 no deja lugar a dudas, cuando proclama que el acuerdo se interpretará de buena fe y a la luz de las normas habituales de Derecho

---

[76] *Vid.*, VANDEVELDE, K.J., "Arbitration Provisions in the BITs and the Energy Charter Treaty", en Thomas W. Wälde (ed.), *The Energy Charter Treaty. An East-West Gateway for Investment & Trade*, Kluwer Law International, 1996, pp. 409 a 421. Además de poder activar el mecanismo del art. 27 para resolver las disputas entre las partes contratantes, el art. 26 también regula la solución de controversias en materia de inversión. Se trata, con esto último, de articular un procedimiento para solventar los litigios entre un inversor y una parte contratante. Sin embargo, no se prevé que los operadores privados puedan recabar la satisfacción de sus intereses por incumplimientos en materia comercial, ya que esta posibilidad solo está reservada a las partes contratantes.

[77] Con todo, el artículo 728 del acuerdo de comercio y cooperación contempla una excepción a este respecto. En este sentido, establece que las decisiones adoptadas por la Comisión Europea que comporten alguna obligación pecuniaria respecto a personas físicas o jurídicas distintas de los Estados en relación con cualquier derecho emanado de los programas, actividades, acciones o proyectos de la Unión tendrán fuerza ejecutiva en el Reino Unido. Pero lo más importante es que se otorga la competencia al TJUE para controlar la legalidad de las decisiones de la Comisión y suspender, si procede, su ejecución.

[78] Al respecto, el RU dejó bien clara su postura, cuando aseguraba que no negociaría ningún acuerdo en el que el RU no tuviera el control sobre sus propias normas y su vida política. De tal forma que no aceptarían ninguna obligación para que las leyes británicas se alinearan con las de la UE, ni para que las instituciones, incluido el TJUE, tuvieran jurisdicción en el RU. *Vid.*, "The Future Relationship with the UE. The UK's Approach to Negotiations", February 2020. Disponible en: https://assets.publishing.service.gov.uk/government/uploads/system/uploads/attachment_data/file/868874/The_Future_Relationship_with_the_EU.pdf (fecha de consulta: 25 de noviembre de 2021).

internacional público[79]. Además, el acuerdo renuncia a la obligación de interpretar sus disposiciones de conformidad con el Derecho interno de las Partes y, en el caso de que se produjera, no será vinculante para ninguna de ellas. También sorprende la opción deliberada por la exclusión del efecto directo de sus disposiciones. A tal efecto, el artículo 5.1, *in fine,* señala que ningún elemento del acuerdo o de los catalogados de complementarios se interpretará en el sentido de permitir su invocación directa en los ordenamientos jurídicos internos de las partes. Ambos preceptos parecen confirmar la voluntad del RU de buscar la mayor separación posible respecto de la UE[80].

Al mismo tiempo, los británicos parecen estar llamados a entenderse irremediablemente con los que fueron sus socios en el proceso de integración durante cuarenta y ocho años. Intereses creados de diversa índole, necesidades surgidas de diferente tipo y expectativas generadas de carácter heterogéneo parece que han permitido el entendimiento y la celebración del acuerdo. Pero no solo eso, sino que también se han preocupado, de conformidad con el artículo 734, de establecer un mecanismo eficaz y eficiente para evitar y resolver cualquier diferencia entre las partes sobre la interpretación y aplicación del acuerdo. El objetivo es llegar, en la medida de lo posible, a una solución mutuamente acordada.

Para lograr lo anterior, la parte sexta del acuerdo, dedica el Título Primero a la solución de controversias, con veintinueve artículos, que se complementan con dos anexos. El número 48 se dedica a establecer un reglamento de procedimiento[81] y el número 49 se destina a contemplar

---

[79] Se incluyen en las normas habituales de interpretación del Derecho internacional público, las codificadas en la Convención de Viena sobre el Derecho de los Tratados, hecha en Viena el 23 de mayo de 1969.

[80] FRÖHLINGSDORF NICOLÁS, P.E., "El Brexit y los acuerdos de retirada y de comercio y cooperación: marco institucional y mecanismos de solución de controversias", *Revista Española de Derecho Europeo,* núm. 77, enero-marzo 2021, p. 39.

[81] El Reglamento de procedimiento regula aspectos de la solución de diferencias relativos a las notificaciones, la designación de los árbitros, las comunicaciones escritas, el funcionamiento del tribunal de arbitraje, las audiencias, la confidencialidad o las comunicaciones *amicus curiae,* entre otros.

un código de conducta de los árbitros[82]. En cualquier caso, el mecanismo de solución de diferencias pivota sobre un tribunal de arbitraje, en el caso de que fracasen las consultas entre las partes para llegar a una solución de mutuo acuerdo. El artículo 738 es el que se dedica a regular este intento previo de solución amistosa negociada, que puede ser posteriormente impulsado durante el arbitraje. Se procura contribuir a que se alcance un arreglo del litigio mutuamente acordado, por lo que el artículo 742.c) encomienda al tribunal arbitral a que consulte periódicamente a las partes. La falta de respuesta a la solicitud de consultas, el que no se celebren dentro de los plazos establecidos, la decisión de las partes en contra de su puesta en marcha o su despliegue sin alcanzar una solución satisfactoria, se configuran como los supuestos en los que, de conformidad con el artículo 739, resulta posible acudir al procedimiento arbitral.

El acuerdo de comercio y cooperación se decanta por un tribunal arbitral compuesto de tres miembros[83]. Las decisiones adoptadas por el órgano tripartito serán por consenso. Si bien, la imposibilidad de conseguirlo permitirá acudir a las soluciones por mayoría de votos. En ningún caso se podrán crear derechos ni obligaciones respecto a personas físicas o jurídicas y los votos particulares de los árbitros se mantendrán siempre en secreto[84]. El plazo para dictar el laudo será de ciento treinta días, a contar desde la constitución del tribunal arbitral. Cuando el cumplimiento del plazo vaya a ser imposible, el presidente del tribunal arbitral lo notificará por escrito a las partes. En ese caso,

---

82 El código de conducta de los árbitros contiene los principios rectores de los miembros de un tribunal para salvaguardar la integridad y la imparcialidad del mecanismo de solución de diferencias, también las obligaciones de declaración que pesan sobre los árbitros para preservar su independencia, además de los deberes destinados a garantizar el desempeño de su cargo con rigor o los gastos en los que puedan incurrir en el ejercicio de su cometido, entre otros.

83 El artículo 740 establece las directrices para la constitución del tribunal arbitral y también regula el procedimiento para la designación de los integrantes, ya se produzca por acuerdo de las partes o lo contrario.

84 Los aspectos relativos a las decisiones y los laudos del tribunal arbitral se contemplan en el artículo 754, que además convierte al mecanismo arbitral en la única vía posible de resolver las diferencias entre las partes, ya que se afirma categóricamente que los tribunales del RU y de la UE no tendrán competencia a este respecto.

se prevé una ampliación, sin que pueda exceder de los ciento sesenta días a partir de la constitución del tribunal[85].

Una vez resuelta la contienda, el laudo puede concluir resolviendo que la parte demandada ha incumplido una obligación del acuerdo. A partir de ese momento, se adoptarán las medidas necesarias para ajustarse a lo decidido en la sentencia arbitral. La ausencia de actuación al respecto por parte de la demandada puede compensarse, a petición de la parte actora, con medidas temporales correctoras. Aunque podría resultar inviable el acuerdo sobre este último extremo, lo que abriría la puerta a la suspensión unilateral de las obligaciones del acuerdo por parte de la demandante[86]. Además, cabría la suspensión de compromisos relacionados con el mismo sector del incumplimiento o con otro distinto, si la demandante considera que esto último es eficaz para inducir al restablecimiento de lo estipulado en el acuerdo.

Parece que la solución de diferencias se erige en la clave de bóveda del sistema, para aportar estabilidad a las partes en el caso de discrepancias entre ellas. Pero también presenta ciertos déficits[87], como la falta de legitimación de los particulares en el procedimiento arbitral, entre otros. Por lo tanto, será posible que ocurra el surgimiento de reclamaciones, que en estos momentos se encuentran carentes del soporte procedimental oportuno, pero que van a necesitar de una respuesta jurídica al efecto. Una situación como la descrita se podría producir cuando, tanto las personas físicas como las jurídicas, sufrieran algún daño o perjuicio derivado de un incumplimiento del acuerdo. Al no estar previsto un cauce para este tipo de reclamaciones, solo se podría tratar de convencer al RU o a la UE, para que alguno ellos, en tanto que suje-

---

[85] En relación con el laudo del tribunal arbitral, la regulación a tener en cuenta se contiene en el artículo 745, donde también se indica el plazo inicial para dictarlo y la prórroga máxima que puede experimentar en caso de retraso.

[86] Las medidas correctoras temporales y la suspensión unilateral se recogen en el artículo 749, donde se detallan los requisitos que deben cumplirse para poderlas llevar a cabo.

[87] Unas observaciones críticas al sistema de solución de controversias previsto en el acuerdo de comercio y cooperación pueden encontrarse en los planteamientos de FRÖHLINGSDORF NICOLÁS, P.E., *op.cit.* nota 75, pp. 59 a 64.

tos legitimados, planteara la controversia ante el tribunal arbitral[88]. Se infiere de lo dicho que, la activación del arbitraje, no se hace depender de la voluntad del particular afectado por una vulneración del acuerdo, sino de que los firmantes de este último lo consideren pertinente. En consecuencia, los individuos o empresas se encuentran desprotegidos de un acceso directo al procedimiento arbitral y deben poner en marcha un mecanismo de intervención indirecta, que pasa por la implicación de las entidades con competencia para incoarlo.

VI. CONCLUSIONES

No cabe duda de que el Brexit ha puesto en jaque el proyecto de integración europeo. Tampoco los últimos acontecimientos producidos, como el pulso de Polonia al cumplimiento de las normas de la Unión, coadyuvan a una mejora del escenario de inestabilidad actual. El lema de la UE, que reza "unida en la diversidad", parece que se ha vuelto en contra de ella y la desunión parece la tónica habitual. Pero dentro de todo este revuelo político, jurídico y económico, el acuerdo de comercio y cooperación aporta un poco de luz al final del túnel. Parecía que la salida del RU se iba librar sin solución de continuidad, pero ha sido todo lo contrario. Con la asociación alcanzada entre ambos, se abre una nueva etapa de relaciones entre la UE y los británicos no exenta de dificultades. Si bien los *outsiders* han visto cumplidas casi todas sus expectativas, como la de no ser fiscalizados por el TJUE, al mismo tiempo el sistema implementado para la gobernanza del acuerdo resulta complejo. Sin que lo firmado por ambas partes pueda ser invocado en el Derecho interno, cuenta con un mecanismo de solución de diferencias basado en el arbitraje. Aunque también se pueden activar medidas correctoras unilaterales, cuando la parte demandada incumpla lo que le corresponde por laudo.

La UE está en condiciones de neutralizar los desajustes energéticos que puedan llegar a producirse después del Brexit, mientras que el RU será más vulnerable. Si bien, a la primera le interesa mantener el

88 *Ibídem*, p. 60.

negocio, ya que tiene superávit en el suministro al mercado británico. Además, a las dos partes les ha pesado el componente medioambiental en el acuerdo de retirada. No en vano, los artículos 319 a 324 del acuerdo se dedican a la energía segura y sostenible. Por su parte, el artículo 764 refrenda el compromiso del RU y de la UE por la lucha contra el cambio climático. De tal forma que ambos se obligan a respetar el Acuerdo de París, absteniéndose de realizar actos u omisiones que pudieran poner en peligro esa misión. Incluso catalogan a la lucha contra el cambio climático como un elemento esencial de la asociación establecida mediante el acuerdo. En consecuencia, el incumplimiento de las obligaciones de este tipo podría suponer la terminación del acuerdo o la suspensión de su aplicación, total o parcial. Aunque para llegar a tal extremo, el incumplimiento habría de ser excepcional en su gravedad y naturaleza, amenazar la paz y la seguridad o tener repercusiones internacionales. Para lo que se ofrece como ejemplo, cualquier comportamiento o su ausencia que frustre materialmente el objeto y propósito del Acuerdo de París.

No cabe duda de la firme apuesta hecha en pro de la ecologización en el acuerdo de comercio y cooperación. Con todo, el maridaje de los diferentes aspectos tratados en la norma y su practicidad irán viendo la luz según se desarrollen los acontecimientos. Se abre una nueva etapa en las relaciones bilaterales entre el Reino Unión y la UE que, a pesar de contar con el respaldo del acuerdo entre ellos, no estará exenta de dificultades. Una potencial disfunción que podría producirse es la que ha venido en llamarse como *energexit* y que daría lugar a una terminación parcial del acuerdo. En concreto, la finalización afectaría al bloque de normas dedicado en el acuerdo a la energía, aunque pudieran seguir estando operativas las restantes. La posibilidad de activar esta medida se articula a través de la prórroga anual indefinida, que requiere de una decisión expresa sobre la continuidad de la aplicación en cualquier momento del año, para que la misma se materialice hasta el 31 de marzo del siguiente año. Es decir, que cada año lo acordado en materia de energía caduca, salvo que se decida su pervivencia. Se podría entender como una disposición transitoria, que allana el camino para la consecución de una total independencia de las partes, pero que ahora necesita de una cobertura jurídica mínima para propiciarla. En estos momentos y hasta el 30 de junio de 2026, que es la primera fecha prevista para la terminación, parece presagiarse una etapa de entendimiento, aunque solo sea para ir testando la marcha del comercio y la inversión en los ámbitos de la energía.

EL "AS" EN LA MANGA DE LA UNIÓN EUROPEA. BREXIT DURO SÍ, PERO POR AHORA NO EN MATERIA DE PROTECCIÓN DE DATOS

PILAR VARGAS MARTÍNEZ*

I. BREXIT Y PROTECCIÓN DE DATOS PERSONALES

"Brexit" es el término acuñado para referir el proceso por el cual el Reino Unido (en adelante RU) se ha desvinculado de la Unión Europea (en adelante, "UE" o "Unión" indistintamente), tal y como está regulado en el artículo 50 del Tratado de la Unión Europea (en adelante, "TUE"). Este proceso de retirada comenzó a raíz del Referéndum que tuvo lugar el 23 de junio de 2016 y dio lugar a unas nuevas relaciones bilaterales el 1 de mayo de 2021 con la entrada en vigor definitiva del Acuerdo de Comercio y Cooperación celebrado entre la Unión Europea y el RU

* Profesora asociada de Derecho internacional privado. Universidad Complutense de Madrid.

(en adelante, el "Acuerdo"), tras un periodo transitorio durante el cual el Acuerdo se aplicó provisionalmente en virtud del artículo 782 del Acuerdo, siendo así la legislación europea de aplicación en RU.

Lejos del nivel de integración económica que existía mientras el RU era un Estado miembro de la UE, el Acuerdo va más allá de la idea de un acuerdo de libre comercio tradicional, proporcionando una base para mantener una cooperación cercana en el largo plazo. Entre otros, establece regímenes preferenciales en ámbitos como el comercio de bienes y servicios, el comercio digital, o la propiedad intelectual.

En términos de Protección de Datos de carácter personal, ya en los puntos séptimo y onceavo del preámbulo del Acuerdo, se "*Reconoce la autonomía y las competencias normativas respectivas de que gozan las Partes en sus territorios para alcanzar objetivos políticos públicos legítimos como (...) la privacidad y la protección de datos (...)*"; y se observa "*la importancia de facilitar nuevas oportunidades a las empresas y los consumidores a través del comercio digital y de hacer frente a los obstáculos injustificados a los flujos de datos y al comercio posibilitados por medios electrónicos, respetando al mismo tiempo las normas de protección de datos personales de las Partes*".

No obstante, dado que no se consiguió alcanzar un acuerdo en un primer momento en materia de protección de datos de carácter personal, se acordó tratarlo de manera independiente en un periodo transitorio de aplicación de las normas de la UE de un año. Una vez expirado dicho periodo sin acuerdo, fue necesario prorrogarlo otros seis meses en aras de preservar la seguridad jurídica de los actores que operan en el mercado con gran incertidumbre. Finalmente, el 28 de junio de 2021 la Comisión Europea adoptó una Decisión de Adecuación para la transferencia de datos de carácter personal al RU, en virtud de lo establecido en el artículo 45 del Reglamento (UE) 2016/679[1] (en adelante, el "RGPD"). Los considerandos 103 a 107 del RGPD también

---

1 Reglamento (UE) 2016/679 del Parlamento Europeo y del Consejo de 27 de abril de 2016 relativo a la protección de las personas físicas en lo que respecta al tratamiento de datos personales y a la libre circulación de estos datos y por el que se deroga la Directiva 95/46/CE. BOE núm. 119, de 4 de mayo de 2016.

se refieren al reconocimiento de un nivel adecuado de protección a un tercer país, complementando lo establecido en el mencionado artículo 45. Y es que este es el precepto que permite a la UE determinar si un país no perteneciente a la misma ofrece un nivel adecuado de protección de datos de carácter personal teniendo en cuenta su legislación nacional o los compromisos internacionales que haya contraído.

La Decisión de Adecuación se fundamentó, entre otras razones, en la ratificación por parte de RU del Convenio 108 del Consejo de Europa, de 28 de enero de 1981, para la protección de las personas con respecto al tratamiento automatizado de datos de carácter personal, así como el conocido como Convenio 108+ que lo modifica[2]; en la incorporación en la normativa interna de RU de los derechos contenidos en el Convenio Europeo de Derechos Humanos; así como en la sumisión de RU a la jurisdicción del Tribunal Europeo de Derechos Humanos[3] (en adelante, "TEDH").

Además, las definiciones, provisiones y obligaciones establecidas en el RGPD, han sido prácticamente replicadas en el nuevo "UK GDPR"[4], inclusive el Capítulo V del RGPD relativo a la regulación de las transferencias internacionales de datos de carácter personal, así como el procedimiento a seguir para declarar una Decisión de Adecuación. El RU incluso reconoce y hace suyas todas las Decisiones de Adecuación preexistentes en la UE con respecto a terceros países como Israel o Japón. reflejando una hoja de ruta paralela a la de la Unión en el corto plazo.

En este sentido, la Decisión de Adecuación relativa al RU se adoptó sujeta ciertos requisitos, entre otros, el mantenimiento de los compromisos de permanencia en los Convenios 108 y 108+, en el Convenio Europeo de Derechos Humanos, y su futura sumisión a la jurisdicción del TEDH. Cumpliéndose estas condiciones la Comisión Europea reco-

---

2 Convenio para la protección de las personas con respecto al tratamiento automatizado de datos de carácter personal (*https://rm.coe.int/convention-108-convention-for-the-protection-of-individuals-with-regar/16808b36f1)*. Visitado el 9 de diciembre de 2021.

3 RU es Parte del Convenio Europeo de Derechos Humanos desde 1953.

4 Reglamento General de Protección de Datos de UK (*https://www.legislation.gov.uk/ukpga/2018/12/contents/enacted*). Visitado el 9 de diciembre de 2021.

noce el nivel de adecuación de RU durante un plazo máximo de cuatro años. La limitación temporal no ha sido establecida en ninguna de las doce Decisiones de Adecuación pre-existentes reconocidas por la Comisión Europea. El resto de Decisiones de Adecuación cuentan, tal y como establece el RGPD, con una previsión específica para ser revisadas al menos cada cuatro años. No siendo esto en absoluto equiparable al planteamiento que se ha consolidado en la Decisión de Adecuación de RU, en el que se requiere una revalidación del acuerdo pasados sus cuatro años de validez.

Resulta cuanto menos interesante que este escepticismo no haya sido considerado anteriormente a la hora de reconocer el nivel de adecuación a Estados no miembros del Consejo de Europa como Israel, Japón, Nueva Zelanda o Canadá que, como es natural, ni han firmado ni ratificado ni el Convenio 108 ni su sucesor el 108+, ni el Convenio Europeo de Derechos Humanos y que, igualmente, no siendo miembros del Consejo de Europa, no se someten al TEDH ni a su jurisprudencia.

Podría entenderse esta condición como una estrategia o instrumento de presión de la UE para mantener al RU vinculado a dichos convenios en el largo plazo –una suerte de Brexit "duro" desde el punto de vista de la Unión– dado que, en muchas ocasiones, RU ha sido crítico con ellos en el pasado, en particular, en relación al pequeño margen de actuación o interpretación que dejan a las autoridades nacionales para implementar criterios propios.

Con este requisito sin precedentes la UE podría estar intentando prevenir una previsible degeneración de las relaciones con el RU que pudiera acabar asimilándolas a las que existen con Canadá o Corea, con un simple acuerdo comercial. Y es que, RU ya descartó un modelo de Brexit que se aproximara a los modelos noruego y suizo para evitar, en relación al primero, permanecer en el mercado interior y, en relación al segundo, admitir la libertad de movimientos, contribuir al presupuesto comunitario y una merma en su autonomía regulatoria. Tampoco se llevó al Brexit a un acuerdo bajo el modelo existente con Ucrania, porque requería que el Tribunal de Justicia de la Unión Europea (en adelante, "TJUE"), mantuviera la competencia para conocer recursos interpuestos contra o por el RU, algo que dejó de ser una realidad desde el 31 de diciembre de 2020, siguiendo la hoja de ruta requerida por este país.

Independientemente de este apunte sobre el ámbito de aplicación temporal de la Decisión de Adecuación, parece lógico y coherente que, a pesar del largo periodo de negociaciones y análisis, se haya reconocido el nivel de adecuación al RU. No podría haber sido de otra forma por una serie de razones entre las que se encuentran, por un lado, el preminente rol de este país y sus ideólogos del Mercado Único Digital en la redacción y negociación del RGPD, heredera de una estructura más propia de los sistemas de Derecho consuetudinario que de los de Derecho civil –a pesar de ser éstos ampliamente mayoritarios en la Unión–, y, por otro, la irrefutable evidencia de que un Estado miembro cualificado para cumplir de manera generalizada con las obligaciones normativas de la Unión y alineado con la misma a nivel legislativo interno, no podría dejar de estarlo por el mero hecho de dejar de ser miembro sin que se produjera un cambio legislativo interno relevante[5]. En otro caso, un no-reconocimiento del nivel de Adecuación habría constituido una penalización arbitraria o injustificada a un tercer país en el que existen condiciones similares, lo que implicaría una restricción comercial encubierta.

Este presupuesto se basa en la evidencia de que ningún tercer Estado puede potencialmente contar con una legislación interna más alineada con la europea que uno que, en primer lugar, no solamente ha sido miembro recientemente, sino que además, no ha implementado cambios significativos en dicha legislación interna, ni dicha legislación ha sido valorada negativamente desde su entrada en vigor en 2018 por parte de ninguna autoridad europea en materia de Protección de Datos, ni por el TJUE. A lo anterior, merece la pena añadir que el *Information*

[5] RU anunció en agosto de 2021 su intención de llevar a cabo modificaciones en su legislación interna en materia de privacidad. Estas modificaciones aún no han sido acordadas, pero sí han visto la luz una serie de propuestas como la reducción de barreras a la innovación responsable y a los flujos de datos, así como la potenciación del comercio. Paralelamente se ha iniciado un procedimiento de consulta de cara a actualizar la Guía del ICO sobre transferencias internacionales.

Commissioner Office (en adelante, el "ICO"[6]), como autoridad de control de RU en materia de Protección de Datos ha sido, junto con su homóloga francesa, la *Commission Nationale de l'Informatique et des Libertés* (en adelante, la "CNIL"[7]), las autoridades europeas que han liderado la transformación doctrinal y sancionadora europea en materia de Protección de Datos de carácter personal y Comercio electrónico en el periodo 2018-2021. Lo han hecho tanto mediante la publicación de Guías de buenas prácticas y Procedimientos que han sido replicados y aplicados a nivel europeo, como mediante la imposición de sanciones consideradas pioneras. Un último apunte que merece ser resaltado es que el ICO nunca ha sido cuestionado, requerido o desacreditado por el Supervisor Europeo de Protección de Datos (en adelante, la "EDPS"[8]) ni por el Comité Europeo de Protección de Datos (en adelante, la "EDPB"[9]), situación a la que sí se han enfrentado en el pasado agencias de protección de datos menos alineadas con los criterios europeos como la Agencia Española de Protección de Datos (en adelante, la "AEPD"[10]) en materia de consentimiento para la aplicación de cookies[11] en 2020, o la *Data Protection Commission* (en adelante, la "DPC"[12]) irlandesa tanto en materia de ineficiencias de gestión de procedimientos sancionadores estancados, como en cuanto a la falta de transparencia de los mismos y a la valoración de la cuantía de la sanción propuesta en Septiembre de 2021 a *WhatsApp* Ireland Ltd.[13], requerimiento tras el cual la DPC

6 Página web del ICO (*https://ico.org.uk/*). Visitado el 9 de diciembre de 2021.

7 Página web de la CNIL (*https://www.cnil.fr/*). Visitado el 9 de diciembre de 2021.

8 Página web del EDPS (*https://edps.europa.eu/_en*). Visitado el 9 de diciembre de 2021.

9 Página web del EDPB (*https://edpb.europa.eu/edpb_en*). Visitado el 9 de diciembre de 2021.

10 Página web de la AEPD (*https://www.aepd.es/es*). Visitado el 9 de diciembre de 2021.

11 Directrices 5/2020 sobre el consentimiento en el sentido del Reglamento (UE) 2016/679 (*https://edpb.europa.eu/our-work-tools/our-documents/guidelines/guidelines-052020-consent-under-regulation-2016679_es*). Visitado el 15 de noviembre de 2021.

12 Página web de la DPC (*https://www.dataprotection.ie/*).

13 Decisión vinculante 1/2021 del Comité Europeo de Protección de Datos de 28 de julio de 2021 en la disputa sobre la propuesta de sanción de la autoridad irlandesa de protección de datos a WhatsApp Ireland, en el marco del art. 65(1)(a) del RGPD (*https://edpb.europa.eu/system/files/2021-09/edpb_bindingdecision_202101_ie_sa_whatsapp_redacted_en.pdf*). Visitado el 15 de noviembre de 2021.

tuvo que revisar drásticamente la propuesta de sanción, requerimiento que fue accionado a solicitud de ocho supervisores de protección de datos distintos entre los que se encuentran la CNIL, el *Der Bundesbeauftragte für den Datenschutz und die Informationsfreiheit* (en adelante, la "BfDI"[14]) alemán, el *Garante per la protezione dei dati personali* (en adelante, el "Garante"[15]) Italiano, y la *Comissão Nacional de Proteção de Dados* (en adelante, la "CNPD"[16]) portuguesa, entre otros.

Estos argumentos parecen, a priori, lo suficientemente sólidos para considerar la legislación nacional de RU y el ICO como sistemas integrados sin sobresaltos en el esquema de cumplimiento del RGPD en particular, y del Mercado Único Digital en general. Siendo así, resulta ineludible cuestionarse tres aspectos significativos del estado de la cuestión: La ya mencionada limitación temporal sin precedentes del reconocimiento; La duración de las investigaciones y negociaciones para dicho reconocimiento; así como, la complejidad técnica y extensión, también sin precedentes, de esta Decisión de adecuación, que cuenta con un total de 93 páginas en contraposición a las tres páginas que constituyeron las Decisiones de Adecuación de Suiza o Nueva Zelanda, las cuatro de la Argentina, o las 58 de la Japón.

Tan procedente como independiente de lo anterior es la mención al desacuerdo entre RU y la UE en relación a la Directiva (UE) 2016/680 del Parlamento Europeo y del Consejo de 27 de abril de 2016 relativa a la protección de las personas físicas en lo que respecta al tratamiento de datos personales por parte de las autoridades competentes para fines de prevención, investigación, detección o enjuiciamiento de infracciones penales o de ejecución de sanciones penales, y a la libre circulación de dichos datos y por la que se deroga la Decisión Marco 2008/977/JAI del Consejo[17]. El RU no ha accedido a mantener los nive-

---

14 Página web del BfDI (*https://www.bfdi.bund.de/DE/Home/home_node.html*). Visitado el 9 de diciembre de 2021.

15 Página web del Garante (*https://www.garanteprivacy.it/*). Visitado el 9 de diciembre de 2021.

16 Página web de la CNPD (*https://www.cnpd.pt/*). Visitado el 9 de diciembre de 2021.

17 Decisión Marco 2008/977/JAI del Consejo (*https://www.boe.es/buscar/doc.php?id=DOUE-L-2008-82621*). Visitado el 9 de diciembre de 2021.

les de esta Directiva que, ya en su momento, no pudo ser Reglamento debido a la sensibilidad para los Estados miembros de las materias que regula al referirse a cuestiones sujetas a su exclusiva competencia[18]. No obstante, este desencuentro no debería afectar al reconocimiento del nivel adecuado de protección de RU bajo el RGPD, por cuanto, aunque relacionada, se trata de una normativa bien distinta.

II. TRANSFERENCIAS INTERNACIONALES EN EL RGPD TRAS *SCHREMS*

El concepto de "transferencia internacional" de datos, no está definido en el RGPD. Aquí solamente se define el término "tratamiento transfronterizo", que si bien similar, no es necesariamente sinónimo del anterior. En defecto de esta definición, que probablemente responda a un defecto formal del RGPD, el EDPS había señalado en un manifiesto de 2014 que *"(...) no habiendo una definición formal de transferencia de datos personales, los responsables deben considerar que este término implicaría normalmente los siguientes elementos: comunicación, divulgación u otra forma de puesta a disposición de datos de carácter personal, llevada a cabo con el conocimiento o intención de un exportador de que el receptor tenga acceso a los mismos".*[19] No es necesario, por tanto, ni que el exportador lleve a cabo una acción material concreta, ni que el importador acceda realmente a los datos, sino que será suficiente con que el importador goce de la posibilidad de acceder voluntariamente a los datos. Voluntad que podrá venir dada jurídica o materialmente.

Esta definición evidencia la importancia de la aplicación extraterritorial del RGPD, como única vía para garantizar que los responsables o encargados del tratamiento no puedan eludir sus obligaciones mediante

---

[18] El tratamiento por parte de las autoridades policiales a todos los efectos relacionados con la prevención, investigación, detección o enjuiciamiento de las infracciones penales o la ejecución de las sanciones penales.

[19] Manifiesto "The transfer of personal data to third countries and international organizations by EU institutions and bodies", 14 de julio de 2014,(*https://edps.europa.eu/sites/edp/files/publication/14-07-14_transfer_third_countries_en.pdf*). Visitado el 15 de noviembre de 2021.

una simple táctica de transferencia de los datos objeto del tratamiento fuera del territorio de la UE. Tarea que, obviamente, no resultaría compleja hoy en día permitiendo el estado de la técnica la transferencia masiva de datos de carácter personal en tiempo real y con un coste reducido. Por ello el legislador europeo ha querido regular las transferencias internacionales de datos *ab initio*, de modo que el exportador y el importador extracomunitario de los datos se verán vinculados, legal o contractualmente a alinearse con los principios y límites del RGPD. A estos efectos, cabe recordar que el RGPD considera Estados miembros tanto a los miembros de la UE como a los firmantes del Acuerdo sobre el Espacio Económico Europeo (Islandia, Noruega y Liechtenstein), siendo considerados como terceros Estados todos los demás.

El RGPD establece una serie de medidas dedicadas a la regulación de un nivel adecuado de protección de las transferencias internacionales de datos a Estados fuera de la UE. Estas medidas se encuentran desarrolladas en el Capítulo V de dicho texto, concretamente en sus arts. 44 a 49. Estas herramientas son de aplicación alternativa, es decir, no será necesario que se combinen dos o más medidas para legitimar la transferencia internacional de los datos de carácter personal afectados. Esto proporciona seguridad a multinacionales que operen en el ámbito UE-RU, entre otros, ya que su aplicación protegería a los grupos empresariales o uniones de empresas de la inseguridad jurídica y las consecuencias económicas de una revisión o revocación de la Decisión de Adecuación reconocida a RU en particular, pero también a cualquier otro Estado.

En el Capítulo V, se regulan las transferencias que, como en el caso de RU, cuentan con una Decisión de Adecuación. Podría considerarse que estas operaciones gozan de un estatus privilegiado en tanto que supone un reconocimiento general de cumplimiento para todos los organismos públicos o entidades privadas que operen en el territorio de un tercer país. Alternativamente podemos hablar de una Decisión de Adecuación sectorial cuando el reconocimiento solamente se refiera a uno o varios sectores específicos de este tercer país. Corresponde a la Comisión Europea la llevanza de todo el proceso relacionado con la

Decisión de Adecuación mientras que el exportador tendrá exclusivamente la obligación de confirmar la existencia de dicha Decisión de Adecuación.

A continuación, el Reglamento se refiere al método relativo a las Normas Corporativas Vinculantes (en adelante, "NCVs"), seguidas de las Cláusulas Contractuales Tipo (en adelante, "CCT") adoptadas por la Comisión Europea o por una Autoridad de Control, los Códigos de Conducta, concluyendo este precepto con los Mecanismos de Certificación.

Finalmente, el artículo 49 perfila las últimas alternativas, consistentes en excepciones a la prohibición de transferir datos de carácter personal fuera de la UE Estas excepciones, muy residuales en su aplicación, incluyen el consentimiento explícito del interesado, la necesidad de la transferencia para la ejecución de un contrato, el interés público, o la protección de intereses vitales, entre otras.

Retrotrayéndonos a las herramientas de transferencia más relevantes cabe destacar entre ellas las NCVs y las CCT, mientras que los Códigos de Conducta y los Mecanismos de Certificación pueden ser relegados a un segundo plano por encontrarse ambos en un estado de pre-desarrollo que imposibilita su ejecución hasta el momento. Así, hoy en día existen solo dos proyectos de Códigos de Conducta, ambos relacionados con la prestación de servicios en la nube (el primero solicitado por el CNIL[20] y el segundo por la autoridad belga[21]). Por su parte, el Mecanismo de Certificación por excelencia fue el ya caído en desgracia *Privacy Shield*, aunque en puridad este último era una combinación de dos elementos, a saber, Mecanismo de Certificación y Decisión de Adecuación.

---

[20] Opinión 17/2021 de 19 de mayo de 2021 sobre la propuesta de decisión de la Autoridad de supervisión francesa sobre el Código de Conducta europeo solicitado por CISPE (*https://edpb.europa.eu/system/files/2021-05/edpb_opinion_202117_cispecode_en_0.pdf*). Visitado el 15 de noviembre de 2021.

[21] Opinión 16/2021 de 19 de mayo de 2021 sobre la propuesta de decisión de la Autoridad de supervisión belga sobre el Código de Conducta europeo solicitado por Scope Europe (*https://edpb.europa.eu/system/files/2021-05/edpb_opinion_202116_eucloudcode_en.pdf*). Visitado el 15 de noviembre de 2021.

A las NCVs dedica el RGPD su artículo 47, y según su definición en dicho texto, son "*las políticas de protección de datos personales asumidas por un responsable o encargado del tratamiento establecido en el territorio de un Estado miembro para transferencias o un conjunto de transferencias de datos personales a un responsable o encargado en uno o más países terceros, dentro de un grupo empresarial*[22] *o una unión de empresas*[23] *dedicadas a una actividad económica conjunta*".

La AEPD, por su parte, ha aprobado solamente seis NCVs desde la entrada en vigor del RGPD, que se refieren a cuatro grupos empresariales concretos (Colt Technologies, Kumon, Iberdrola y Fujikura Automotive Europe). Siendo tan contados los casos de NCVs aprobadas por una de las autoridades de control más activas del panorama europeo, podemos comprender el limitado impacto que esta herramienta ha podido tener hasta el momento. Efectivamente, son grandes las dificultades prácticas para alcanzar estas NCV ya que precisan un proceso de elaboración extremadamente ambiguo, demandante y costoso, que implica la participación de todas las autoridades de control de los Estados desde y hacia los que se pretenden transferir datos de carácter personal[24] –cuyos criterios interpretativos son en muchos casos dispares– provocando un efecto disuasorio en los grupos empresariales multinacionales que, aunque desearían poder recurrir a esta herramienta tan versátil para preservar la estabilidad en situaciones de reconocimiento de nivel de adecuación adversas o inexistentes, temen tanto un escrutinio excesivo y voluntario de sus procesos por parte de las autoridades, como el desgaste económico del proceso de aprobación.

---

22 Según su definición en el RGPD, los grupos empresariales, son aquellos "constituidos por una empresa que ejerce el control y sus empresas controladas".

23 Según el Considerando 110 del RGPD, "Todo grupo empresarial o unión de empresas dedicadas a una actividad económica conjunta debe tener la posibilidad de invocar normas corporativas vinculantes autorizadas para sus transferencias internacionales de la Unión a organizaciones dentro del mismo grupo empresarial o unión de empresas dedicadas a una actividad económica conjunta (...).

24 Documento de trabajo que establece el Procedimiento de cooperación para la aprobación de Normas Corporativas vinculantes para responsables y encargados del tratamiento bajo el RGPD (*https://www.aepd.es/es/documento/wp263_en_0.pdf*). Visitado el 15 de noviembre de 2021.

Por su parte las CCTs, si bien a pequeña escala y mayoritariamente en el ámbito de la contratación bilateral, han tenido un papel relevante en la materialización de transferencias internacionales de datos desde la entrada en vigor del RGPD. Principalmente hablamos aquí de las CCTs aprobadas por la Comisión Europea, ya que la amplia mayoría de las Autoridades nacionales de protección de datos no han tenido incentivos para aprobar sus propias CCTs ya que la mayoría de los exportadores de datos de carácter personal prefieren beneficiarse de la armonización que aportan las CCTs aprobadas por la Comisión Europea, en lugar de llevar a cabo un proceso en cada uno de los Estados miembros desde los que se desean exportar datos.

Sin embargo, las CCT no han encontrado pocas piedras en su camino, especialmente a raíz de la ya mencionada Recomendación 1/2020[25], publicada por el Comité Europeo de Protección de Datos como respuesta a la sentencia *Schrems II*[26]. Esta Recomendación señalaba que el modelo de CCTs estaba obsoleto y no preservaba la privacidad de los datos frente a solicitudes de acceso de autoridades estadounidenses. Esto desencadenaba la necesidad de un proceso de análisis individualizado de cada una de las transferencias, conocido como *Transfer impact assesment*, que derivaría la necesidad de implementar medidas de garantía adicional a las CCTs, variables en función de las características de la transferencia. Aquí, tanto el TJUE como el EDPB perdieron una buena oportunidad para indicar, al menos de forma no exhaustiva, cuáles son esas medidas adecuadas[27], sin perjuicio de que en la práctica dichas medidas deben estar diseñadas a medida de cada transferencia concreta. No obstante, este contratiempo se zanjó el 4 de junio de 2021

[25] Recomendación 1/2020 sobre las medidas adicionales a las garantías adecuadas para garantizar el cumplimiento del nivel de protección de los datos personales de la Unión Europea, 18 de junio de 2021.

[26] STJUE As. C311/18, ECLI:EU:C:2020:559 (*https://curia.europa.eu/juris/document/document.jsf?text=&docid=228677&pageIndex=0&doclang=es&mode=req&dir=&occ=first&part=1&cid=9906683*). Visitado el 15 de noviembre de 2021.

[27] CORRALES COMPAGNUCCI, M., ABOY, M. and MINSSEN, T., "Cross-Border Transfers of Personal Data after Schrems II: Supplementary Measures and New Standard Contractual Clauses (SCCs)", *Nordic Journal of European Law*, 2021, (*https://ssrn.com/abstract=3951085*), visitado el 15 de noviembre de 2021.

con la publicación por parte de la Comisión Europea de nuevas versiones actualizadas de CCTs[28].

A raíz de lo anterior, en septiembre de 2021 un Tribunal de Baden-Wurtemberg en Alemania, emitió la primera sentencia post *Schrems II* en relación con las garantías adicionales en las CCTs, estableciendo que la empresa demandada no incurría en una violación significativa de la privacidad de los datos de un trabajador por el hecho de transferir sus datos a la matriz estadounidense a los efectos de la gestión tecnológica de la información sobre sus empleados. En este caso, se consideró que el riesgo de acceso por parte de una autoridad norteamericana a esa información era abstracto e insuficiente y que las CCTs utilizadas no tenían carencias significativas para proteger los datos de carácter personal. Esta visión se alinea con la nueva versión de las CCTs publicada por la Comisión Europea que, como es sabido, no requerirían ninguna garantía adicional para cumplir con las exigencias de *Schrems II*.

La facilidad y rapidez de implementación de las CCTs hasta la publicación de estas nuevas versiones han disparado y generalizado su uso y el recurso a esta herramienta es mayoritario en el ámbito comercial, en el que cualquier acuerdo de prestación de servicios a nivel internacional que implique el tratamiento de datos va hoy en día acompañado de un acuerdo de encargo del tratamiento y de unas CCTs. No obstante, tras la introducción de los cambios,[29] algunas de sus estipulaciones parecen poco compatibles con la transferencia de datos segura a determinados países, como Estados Unidos (EE.UU.), India, China o Singapur. Este aumento en el nivel de exigencia podría incrementar la práctica generalizada de transferencias mediante unas CCTs sin que los exportadores –sobre quienes ha pasado a recaer la responsabilidad total de la seguridad de los datos en el país de destino–, lleguen a asumir realmente sus

[28] Decisión de Ejecución de la Comisión Europea relativa a las Cláusulas Contractuales tipo para la transferencia de datos personales a terceros países (*https://eur-lex.europa.eu/legal-content/ES/TXT/PDF/?uri=CELEX:32021D0914&qid=1623249029503&from=ES*). Visitado el 25 de noviembre de 2021.

[29] Entre estos cambios se encuentran las matizaciones en el ámbito de aplicación de las CCT, que ya solamente podrán ser aplicadas en casos en los que al importador de los datos no le sea de aplicación el RGPD en virtud de su art. 3.2.

implicaciones.[30] Dado que no parece posible limitar la aplicación de la normativa de terceros Estados anteponiendo el RGPD, las CCTs están tan abocadas a mantener su popularidad,como condenadas al colapso.

Tal y como establece el acta[31] de la sesión plenaria del 14 de septiembre del EDPB, "*The EU COM confirmed, that, after the draft guidelines are adopted, they intend to develop a specific set of SCCs regarding transfers to importers subject to Article 3(2) GDPR*" Esto es necesario puesto que las organizaciones ya no pueden confiar ni en las antiguas CCT para nuevas transferencias internacionales, ni en las nuevas CCT cuando el artículo 3.2 del RGPD sea de aplicación.

Si tenemos en cuenta todo lo anteriormente mencionado sobre la escasez de NCVs, los retos a los que se han visto sometidas las CCTs, el estado de desarrollo de los Códigos de Conducta y los Mecanismos de Certificación, además de las excepciones mencionadas que son de aplicación muy puntual, resulta indudable que las alternativas para permitir a los responsables de tratamiento llevar a cabo transferencias internacionales de datos bajo coberturas legales sólidas, se han visto drásticamente reducidas.

En este contexto, el EDPB ha debatido[32] el concepto de "transferencia internacional de datos". La cuestión principal por deliberar era si los mecanismos de transferencia del Capítulo V del RGPD eran imprescindibles cuando los datos de carácter personal salían del territorio de la UE o, por el contrario, si salían del ámbito de aplicación del RGPD.

Otra cuestión similar que también se encuentra en el aire es si se requieren dichos mecanismos de transferencia cuando entidades basa-

---

30 HENGESBAUGH, B., DEHARENG, E., y GAUDINO, F., "The road ahead in an uncertain world of cross-border data transfers", *Blog of International Association of Privacy Professionals*, 2021 (*https://iapp.org/news/a/the-road-ahead-in-an-uncertain-world-of-cross-border-data-transfers/*). Visitado el 15 de noviembre de 2021.

31 Sesión Plenaria nº 54 del EDPB (*https://edpb.europa.eu/system/files/2021-10/20210914plenfinalminutes_54thplenary_public.pdf*). Visitado el 15 de noviembre de 2021.

32 Agenda de la segunda sesión plenaria del EDPB (*https://edpb.europa.eu/sites/default/files/files/news/agenda_2nd_edpb_meeting_04072018_en_0.pdf*). Visitado el 9 de diciembre de 2021.

das fuera de la UE, recojan datos directamente de ciudadanos europeos. Asunto de máxima relevancia desde que la Comisión Europea estableció en el Considerando 7 de sus nuevas CCT, que no podrían ser utilizadas por importadores no-europeos a los que ya les fuera de aplicación el artículo 3.2 del RGPD, como se ha mencionado anteriormente.

El debate surge a causa del desequilibrio entre el ámbito de aplicación extraterritorial del RGPD más allá de las fronteras físicas de la UE, que el EDPB indudablemente prodiga, mientras también se preserva la concepción de transferencia internacional dependiente de un criterio territorial europeo. De este modo, las autoridades de protección de datos, la Comisión Europea, han cuestionado si las provisiones sobre el ámbito de aplicación extraterritorial y los requisitos para las transferencias internacionales del Capítulo V son mutuamente excluyentes o, en su lugar, pueden ser aplicados en tándem[33].

III. PROTECCIÓN DE DATOS EN EL ACUERDO UNIÓN EUROPEA-REINO UNIDO

1. Decisión de Adecuación

A. Reino Unido

La Decisión de Adecuación de la Comisión Europea sobre el RU resulta interesante en relación a tres aspectos:

1) Limitación del reconocimiento a cuatro años;

2) El llamativo retraso en su validación, teniendo en cuenta la semejanza sin precedentes de la legislación nacional de RU y la

---

[33] FENNESSY, C, "New EDPB guidelines define international transfers: Dancing in place", *Blog of International Association of Privacy Professionals*, 2021 (*https://iapp.org/news/a/new-edpb-guidelines-define-international-transfers-dancing-in-place/?mkt_tok=MTM-4LUVaTS0wNDIAAAGBC-VtDF_9Qb0PnndqmV5R52YJqkmy7kkLeY4mreiPfFQDtENUzCD-B8jIOHpSr0DFkc1S_6zCAKRG89odRogLrywl-Uy-hxZQNGTI-KWmW_HbD*). Visitado el 15 de noviembre de 2021.

europea en materia de protección de datos de carácter personal; así como,

3) La complejidad técnica y extensión sin precedentes de esta decisión de adecuación.

En este punto, corresponde comentar el tercero de estos aspectos. El reconocimiento del nivel adecuado de protección a RU es la segunda Decisión de Adecuación emitida por la Unión Europea desde que el RGPD entró en vigor. El único caso previo de entre los trece reconocimientos existentes en total, fue la Decisión de Adecuación de Japón, que se formalizó en enero de 2019. Ambas tienen en común una longitud muy superior a la media de las Decisiones de Adecuación pre-RGPD, que no solían extenderse más de tres o cuatro páginas. Parece que hay un cambio de tendencia en el nivel de detalle de estos reconocimientos. Sin perjuicio de lo anterior, la Decisión de Adecuación de RU sigue sorprendiendo con un 40% más de desarrollo que la de Japón, a pesar de que Japón es un Estado asiático que, no siendo miembro del Consejo de Europa, ni han firmado ni ratificado ni el Convenio 108, ni el Convenio Europeo de Derechos Humanos, ni se someten a la jurisprudencia del TEDH. Aún así, ser parte de dichos Convenios y someterse a la jurisprudencia del TEDH han sido los argumentos esgrimidos en el caso de RU para permitirle acceder al reconocimiento, aunque temporalmente sujeto al mantenimiento del *status quo*.

Sin embargo, los once reconocimientos previos a la entrada en vigor del RGPD se formalizaron entre los años 2000 y 2012, comenzando con Suiza y finalizando con Nueva Zelanda. En ninguno de estos casos se señala una serie de requisitos específicos como imprescindibles para el mantenimiento del reconocimiento. Así, en esta ocasión se cumple la *excusatio non petita accusatio manifesta* para una UE que intenta retener al RU en una serie de compromisos internacionales a toda costa. Esta es la razón por la que ha considerado pertinente proceder con la máxima cautela y detalle en el análisis punto por punto del estado de cumplimiento en materia de protección de datos del RU.

B. Jersey, Guernsey y la Isla de Man

Especial mención merecen los casos de estos Estados independientes de RU pero que operan bajo la Corona Británica. Todos ellos obtuvieron reconocimiento de su nivel de adecuación entre 2003 y 2008, y en las tres Decisiones de Adecuación se indicó lo siguiente –se utiliza como ejemplo el texto de Guernsey–:

> "Considerando: (...) (4) Ante la existencia de enfoques diferentes de la protección de datos personales en los terceros países, la comprobación de si un tercer país proporciona un nivel de protección adecuado y la aplicación de toda decisión que se tome a tenor de lo dispuesto en el apartado 6 del art. 25 de la Directiva 95/46/CE deben basarse en criterios que no penalicen de forma arbitraria o injustificada a ningún tercer país en el que existan condiciones similares y que no constituyan una restricción comercial encubierta, teniendo en cuenta los actuales compromisos internacionales de la Comunidad. (5) La Bailía de Guernsey pertenece a la Corona británica (aunque no forma parte del RU ni es una colonia), y goza de total independencia, excepto en cuanto a relaciones internacionales y defensa, ámbitos que son competencia del Gobierno del RU. Por tanto, la Bailía de Guernsey debe considerarse un tercer país con arreglo a la Directiva. (6) Con efecto a partir de agosto de 1987, la ratificación por parte del RU del Convenio del Consejo de Europa para la protección de las personas con respecto al tratamiento automatizado de datos de carácter personal (Convenio no 108) se amplió a la Bailía de Guernsey".

En estos tres casos tan relacionados con RU parece valorarse positivamente, aunque no con carácter excluyente, la ratificación del Convenio 108 y se ensalza la relevancia de evitar penalizar a terceros países mediante una restricción comercial encubierta. La cuestión es de máximo interés teniendo en cuenta que el 17 de junio de 2021 el TJUE dictaminó que la jurisprudencia de la Directiva 95/46 también es de aplicación al RGPD.[34] Esto que invita a una eventual consideración analógica de criterios no jurisprudenciales como, por ejemplo, la con-

---

34 STJUE As. C-597/19, ECLI:EU:C:2021:492.

sideración de la ratificación del Convenio 108 como un valor añadido para el reconocimiento del nivel adecuado de protección, en lugar de como un requisito *sine qua non*.

Otra cuestión que merece la pena destacar es el potencial efecto dominó que podría desencadenar una desvinculación de RU de cualquiera de estos Convenios, pues estos tres Estados se verían directamente afectados por tal decisión y por sus posibles consecuencias en relación con su estatus como Estados que garantizan un nivel adecuado de protección que viene siendo reconocido desde hace dos décadas.

2. Designación de un representante para la protección de datos

La obligación de designar a un representante local para la protección de datos cuando un responsable o encargado de tratamiento esté establecido fuera de un determinado territorio, solo se ha incluido o previsto en la legislación china, surcoreana y tailandesa, aparte de en la europea.

A. Unión Europea

El RGPD define al representante como la "*persona física o jurídica establecida en la Unión que, habiendo sido designada por escrito por el responsable o el encargado del tratamiento con arreglo al art. 27, represente al responsable o al encargado en lo que respecta a sus respectivas obligaciones en virtud del presente Reglamento*"[35].

[35] Además el art. 27 y el Considerando 80 del RGPD desarrollan su rol y sus obligaciones: "El responsable o el encargado del tratamiento no establecido en la Unión que esté tratando datos personales de interesados que residan en la Unión y cuyas actividades de tratamiento están relacionadas con la oferta de bienes o servicios a dichos interesados en la Unión, independientemente de si se requiere un pago por parte de estos, o con el control de su comportamiento en la medida en que este tenga lugar en la Unión, debe designar a un representante, a menos que el tratamiento sea ocasional, no incluya el tratamiento a gran escala de categorías especiales de datos personales o el tratamiento de datos personales relativos a condenas e infracciones penales, y sea improbable que entrañe un riesgo para los derechos y libertades de las personas físicas, vista la naturaleza, el contexto, el ámbito y los fines del tratamiento, o si el responsable del tratamiento es una autoridad u organismo

El responsable o el encargado del tratamiento encomendará al representante que atienda a las consultas, en particular, de las autoridades de control y de los interesados, sobre todos los asuntos relativos al tratamiento.

El responsable o el encargado del tratamiento deberán nombrar a un representante en la Unión Europea cuando se den los requisitos para la aplicación extraterritorial del RGPD tal y como establece su artículo 3.2. En este sentido será necesario que:

a) El responsable o encargado proceda de un tercer Estado; y,

b) Trate datos de interesados que se encuentran en la Unión Europea[36]; y,

c) Ofrezca bienes o servicios a dichos interesados en la Unión Europea; o,

d) Controle el comportamiento[37].

B. Reino Unido

La legislación nacional de RU replica los presupuestos del RGPD para considerar necesaria la designación de un representante en este país. Sin embargo, es pertinente destacar que en RU varios Tribunales ya se han pronunciado a tenor de la responsabilidad del representante por los incumplimientos del responsable o encargado del tratamiento que lo ha designado. En este sentido, en el caso QB-2020-002788, el Alto Tribunal de Justicia considera que un representante no podrá ser responsable por los daños causados por incumplimientos del RGPD.

---

público. El representante debe actuar por cuenta del responsable o el encargado y puede ser contactado por cualquier autoridad de control (...) El representante designado debe estar sujeto a medidas coercitivas en caso de incumplimiento por parte del responsable o del encargado".

36 Originalmente el texto establecía "residan", pero fue modificado por vía de correcciones a la traducción.

37 En términos generales el RGPD aquí se refiere a la realización de monitorizaciones, perfilados o la toma de decisiones automatizadas sobre el interesado.

Este pronunciamiento encaja con el planteamiento establecido en el RGPD y reforzado por la Doctrina y por la interpretación de las autoridades de supervisión, estableciendo que el Considerando 80 no es suficiente para considerar dicha responsabilidad cuando refiere "*El representante designado debe estar sujeto a medidas coercitivas en caso de incumplimiento por parte del responsable o del encargado*". Adicionalmente, este Tribunal ahonda más en la cuestión indicando que "*el RGPD tiene algunas limitaciones jurisdiccionales, a pesar de lo ambicioso de su alcance, y en último término, su aplicación extra-jurisdiccional es materia de derecho internacional*".

3. Responsables de tratamiento y grupos empresariales: transferencias y tratamiento transfronterizo de datos

La autoridad de protección de datos de Liechtenstein se pronunció en septiembre de 2021 sobre las consideraciones legales en el marco de la transferencia de datos en el ámbito intragrupo, recordando la importancia de adherirse estrictamente a la casuística del Considerando 48 del RGPD cuando se pretende legitimar en virtud del interés legítimo la transferencia de datos entre empresas del mismo grupo empresarial. En este sentido, esa transferencia deberá estar estrictamente requerida para finalidades administrativas internas tales como la centralización de procesos de negocio o de gestión de personal, entre otros.

El despacho de abogados Hogan Lovells propone para que una transferencia pueda considerarse como tal y, por tanto, restringirse, es necesario que tenga lugar entre dos entidades jurídicas diferenciadas.[38] Es un apunte especialmente interesante si tenemos en cuenta la contraposición entre los conceptos previamente señalados de transferencia internacional con el de tratamiento transfronterizo. Además,

[38] Véase (*https://www.engage.hoganlovells.com/knowledgeservices/news/hogan-lovells-responds-to-the-ico-consultation-on-international-data-transfers#:~:text=Hogan%20Lovells%20responds%20to%20the%20ICO%20consultation%20on%20international%20data%20transfers,-8%20October%202021&text=Hogan%20Lovells'%20Privacy%20and%20Cybersecurity,transferred%20outside%20of%20the%20UK*).Visitado el 15 de noviembre de 2021.

en esta misma respuesta al ICO, Hogan Lovells destaca la necesidad de certidumbre sobre si las futuras CCTs de RU van a limitarse a un ámbito bipartito, o se abrirá la puerta a CCTs multipartes.

En este sentido, se pronunció en julio de 2021 la autoridad de protección de datos de Renania del Norte-Westfalia, que considera las CCTs aceptables bajo ciertas estipulaciones, pero demasiado complicadas para los interesados. En relación a las consideraciones concretas que plantea indica que *"(...) también es posible estructurar estos contratos como multipartes. En este caso, habrá de prestar especial atención a garantizar que las transferencias internacionales entre las partes contratantes quedan claramente descritas y detalladas. Debe mantenerse la transparencia para que los interesados comprendan qué entidad recibirá los datos para qué finalidad. Si los exportadores encuentran complicado presentar esta información de forma transparente, se estimará que un contrato multiparte no es el instrumento de transferencia adecuado para el caso concreto debido a la complejidad del flujo de datos*".

Sin embargo, y entendiendo la comodidad de su uso, no parece que haya un hueco amplio en la legislación para CCTs multipartes dado que para esta finalidad en muchos casos ya existen las NCVs, por lo que unas CCTs multipartes estarían limitadas al único, aunque frecuente caso, de acuerdos de entre entidades de diferentes grupos empresariales y diferentes sectores. Probablemente, por tanto, para prestaciones de servicios complejas con más de un responsable o encargado del tratamiento.

En todo caso, en el ámbito de los grupos empresariales, al no existir aún una definición consensuada de los conceptos exportador e importador de datos, se debe recurrir a las estipulaciones de la Guía 5/2021[39] del EDPB, que establece que solamente pueden ser considerados como importadores o exportadores de datos los responsables de tratamiento, encargados de tratamiento o corresponsables, siendo posible la existencia de una transferencia solo entre exportadores e importadores. Si

---

[39] Guía 5/2021 sobre la interacción entre el art. 3 y las provisiones del Cap. V del RGPD sobre transferencias internacionales, 19 de noviembre de 2021 (*https://edpb.europa.eu/system/files/2021-11/edpb_guidelinesinterplaychapterv_article3_adopted_en.pdf*). Visitado el 15 de noviembre de 2021.

bien esta interpretación está alineada con el anexo 1 de las Recomendaciones 1/2020 del EDPB anteriormente referidas, la perspectiva de la Cláusula 1b de las nuevas CCTs, no entran a relacionar los conceptos "exportador" e "importador" con los estatus de responsable, encargado o corresponsable del tratamiento.

Como consecuencia de lo expuesto, se colige que en un grupo empresarial compuesto por un único responsable de tratamiento establecido en diferentes sedes, no existiría transferencia internacional por el mero intercambio de datos entre establecimientos que se encuentren dentro y fuera de la UE. Cuestión distinta serían los grupos empresariales en los que se agrupa una diversidad de responsables, encargados o corresponsables del tratamiento, en cuyo caso, sí se considerará que el intercambio de información de contenido personal, constituirá una transferencia internacional que deberá ser regulada.

IV. VENTAJA FRENTE AL COMERCIO CON ESTADOS UNIDOS

En septiembre de 2021 el Servicio de investigación del Congreso de los EE.UU. publicó un informe sobre las opciones que tiene el Congreso americano para facilitar la vuelta a la normalidad de las transferencias internacionales entre EE.UU. y la UE. Entre otras, algunas opciones que baraja el informe pasan por la creación de una Ley Federal de Privacidad, o transformar la autoridad del *Civil Liberties Oversight Board* y de la *Federal Trade Commission*. El informe señala además el compromiso de la administración Biden por acomodar las preocupaciones europeas sobre el acceso a datos de ciudadanos europeos por parte del Gobierno estadounidense.

A tenor de la recientemente publicada *US Clarifying Lawful Overseas Use of Data (Cloud) Act*[40], es razonable esperar un incremento en cuestión de costes y complejidad en la gestión de transferencias internacionales de datos de carácter personal, especialmente en vista del escenario post-Brexit que incluye potencialmente un Estado adicional

[40] US Clarifying Lawful Overseas Use of Data (Cloud) Act *(https://epic.org/wp-content/uploads/privacy/cloud-act/cloud-act-text.pdf)*. Visitado el 30 de noviembre de 2021.

creando sus propios requisitos específicos. Esta norma podría forzar a las compañías establecidas en RU a incumplir sus compromisos frente al RGPD, especialmente en lo relacionado con proveedores de servicios de computación en la nube y los potenciales requerimientos de información que puedan recibir, sobre todo teniendo en cuenta que las evidencias electrónicas son típicamente requeridas a los proveedores de servicios en línea en la mayoría de las investigaciones penales (un 85% en concreto)[41].

Es razonable esperar un aumento de la presión comercial para grupos multinacionales y cadenas de suministro globales, ya de por sí afectados por los diferentes regímenes y requerimientos no solo del RGPD, sino también de otras normativas restrictivas de Estados como Singapur. Esta presión comercial vendría en forma de mayor coste de almacenamiento en la nube al requerirse el almacenamiento de más información durante más tiempo, así como la inversión necesaria para establecer procesos seguros para gestionar y evaluar individualmente este tipo de requerimientos de información, minimizando riesgos.

Como consecuencia de lo anterior, los procesos de *Due Diligence* previos a la contratación de servicios que impliquen tratamiento de datos de carácter personal a nivel internacional deberán ser más extensivos y periódicos, de modo que pueda llegar a analizarse cómo funciona la organización que potencialmente accederá a los datos del responsable del tratamiento. Esto repercutirá indudablemente en costes, así como en la imagen de marca en caso de sufrir algún tipo de incidente o brecha de seguridad.

Por otro lado, EEUU y RU anunciaron[42] conjuntamente en diciembre de 2021 el lanzamiento de una colaboración bilateral en materia de innovación, enfocada en potenciar tecnologías que permitan preservar

---

41 TOSZA, S., "All evidence is equal, but electronic evidence is more equal than any other: The relationship between the European Investigation Order and the European Production Order", *New Journal of European Criminal Law*, Vol. 11, 2020, pp. 161-183, (*https://journals.sagepub.com/doi/full/10.1177/2032284420919802*). Visitado el 15 de noviembre de 2021.

42 Comunicado de la Casa Blanca de 8 de diciembre de 2021 sobre la colaboración con RU (*https://www.whitehouse.gov/ostp/news-updates/2021/12/08/white-house-announces-*

la privacidad. La Casa Blanca indicaba en su comunicado al respect que: "*The joint effort will reinforce the democratic principles enshrined in the New Atlantic Charter and illustrate both nations' commitment to working together to address critical transnational challenges*".

V. HORIZONTE 2025

En la actualidad resulta imposible plantear un planeta en el que las transferencias de datos estén limitadas a ámbitos geográficos concretos. La responsabilidad de los legisladores y los reguladores en materia de protección de datos es desarrollar mecanismos y propuestas que permitan la privacidad de los interesados en un entorno global, en contraposición a imponer que los datos se queden dentro de cada Estado miembro. Ya son conocidas las diferentes llamadas de autoridades de protección de datos alemanas que abogan por la "*Sovereign Cloud*", consistente en establecer entornos en la nube por regiones geográficas que permitan limitar la transferencia de datos no ya fuera del entorno de la UE, sino incluso dentro de ella a nivel nacional.

La localización de los datos puede ser una herramienta útil para fomentar el proteccionismo económico, pero esa es una finalidad totalmente ajena a la protección de datos, y que no debe contaminar el futuro del mercado digital global. Sin embargo, como destacó el Director del Comité Europeo de Protección de Datos, Ignacio Gómez Navarro en el seminario virtual organizado por IAPP en Roma en mayo de 2021, "*el RGPD es el Reglamento de protección de datos, no el Reglamento de transferencia de datos o de flujo de datos*".

A la vista de estos distintos posicionamientos, resulta necesaria una visión pragmática de esta materia, a la luz de la innegable permanencia de las transferencias internacionales en el futuro y de la evidencia de que todos los gobiernos alrededor del mundo están legitimados por sus normativas nacionales para acceder a los datos que se tratan en su territorio. Encontrar una manera de que los datos continúen viajando

---

launch-of-the-international-grand-challenges-on-democracy-affirming-technologies-for-the-summit-for-democracy/). Visitado el 9 de diciembre de 2021.

por el mundo de una forma legal es esencial para mantener el comercio internacional activo. No obstante, recientes estudios realizados a petición del Comité de Libertades Civiles del Parlamento Europeo, y en concreto un estudio ha evidenciado que no es probable que ni la normativa de privacidad federal estadounidense, ni las estatales ofrezcan una protección esencialmente equivalente a la del RGPD en un medio plazo[43].

Además, el acercamiento normativo es complejo pues solo podría llegar a ser parcial, y aún siendo total, como ha sido el caso de Brasil o Andorra con el RGPD, eso no implica necesariamente una implementación idéntica, ya que la mera adopción de legislación prácticamente idéntica al RGPD, no garantiza una interpretación consistente en la práctica dadas las diferencias culturales con la UE. De hecho, en la propia UE aún existen múltiples diferencias entre los estándares de aplicación de las normativas nacionales y el RGPD, a pesar de la integración que este último significó.

En este contexto, el RU cuenta con una buena base para desarrollar una legislación propia consistente con los valores europeos, aunque quizás tenga pocos incentivos para hacerlo dada la reciente evolución de sus relaciones comerciales con EEUU en materia de privacidad. Además, la UE no le ha puesto las cosas fáciles, con una Decisión de Adecuación que ha requerido un desarrollo argumentativo un 3.000% más extenso que la media de las once decisiones de Adecuación previas de la UE, así como una limitación temporal de dicho reconocimiento y una serie de requisitos de permanencia en Convenios internacionales que no tienen precedentes en este tipo de reconocimientos, y esto a pesar de tratarse de un Estado previamente miembro, en contraposición a Estados dispares y de procedencias remotas que van desde Uruguay a Canadá pasando por Israel.

En una situación tan cambiante, no conviene dar por sentada la aceptación del RGPD de forma global ya que probablemente no pueda

---

43 Véase el estudio "Exchanges of Personal data after the Schrems II Judgment": (*https://www.europarl.europa.eu/RegData/etudes/STUD/2021/694678/IPOL_STU(2021)694678_EN.pd*). Visitado el 15 de noviembre de 2021.

garantizar uniformidad de criterios en el largo plazo, especialmente a la vista no solo del Brexit, sino también de las nuevas legislaciones en materia de privacidad en el continente asiático, que evidencian la precariedad del estatus del RGPD[44].

En efecto, con el aumento de la población mundial, especialmente en mercados no occidentales, el comercio con la UE podría llegar a ser cada vez menos relevante para determinados Estados que, eventualmente dejarían de ver un incentivo en alinear sus estándares de privacidad con los del RGPD. Todo esto podría dar lugar a una alternativa al RGPD sólida para regular la privacidad a nivel global.

Sin perjuicio de lo anterior, el RGPD no solamente se aplica como consecuencia de la fuerte influencia de la UE, sino porque además es la normativa más avanzada en la materia hasta el momento, constituyendo un estándar o una guía sobre la que con el tiempo podrán desarrollarse legislaciones de gran impacto en todo el mundo. Por el momento, pueden preverse grandes novedades legislativas en RU, y será dentro de cuatro años cuando se pueda analizar el impacto de dichos cambios en el Acuerdo de Comercio y Cooperación celebrado entre la Unión Europea y el RU.

---

44 SALIOU, J. "The European model: point of convergence, source of divergence?" *Laboratorio de innovación numérica de la CNIL*, 27 de octubre de 2021, (*https://linc.cnil.fr/fr/european-model-point-convergence-source-divergence*). Visitado el 15 de noviembre de 2021.

THE EU - UK TCA: A VISION FROM SPAIN

JUAN FRANCISCO MARTÍNEZ GARCÍA*

I. INTRODUCTION

This paper highlights the importance of the Trade and Cooperation Agreement between the European Union (EU) and the United Kingdom (UK) for Spain and the elements that are of special interest for Spanish companies.

II. SPAIN & UK TRADE FIGURES[1]

To begin with, let me stress that the UK is a **premier partner** for Spain:

- It is our **third client** in the export of goods and services.

---

* Director General de Política Comercial. Secretaría de Estado de Comercio, Ministerio de Industria, Comercio y Turismo de España.

1 According to available trade figures (2020).

- Specifically in terms of **goods, it is our 5th client and 8th supplier**.
- But the importance increases when it comes to **services**, where it is both our **first client and first supplier**, as well as our **main source market for tourists**.

Given the importance of our links with the British market, it was of utmost important for Spain and Spanish companies to have an **element that would "cushion" the irremediable negative effects of Brexit**.

Indeed, as we all know Brexit does not benefit anyone. It is **a situation in which we all lose**, although especially the UK, and companies on both sides will be irremediably affected, having to incur in costs to adapt to new conditions of the British market. However, the Trade & Cooperation Agreement provides **certainty and stability** to operators on both sides about the framework in which the exchanges of goods and services will take place from January 1, 2021, the date of entry in force of the provisional application of the Agreement. As for the effects for Spain, according to the Secretary of State for Commerce estimations, **the agreement prevents a drop in GDP of about 0.2% and employment of 0.1%**.

III. GENERAL ASSESMENT

Under the Trade and Cooperation Agreement, the EU and the UK have agreed to create an ambitious **free trade area without tariffs or quotas on products**, with **regulatory and customs cooperation** mechanisms, as well as provisions that guarantee a **level playing field** for open and fair competition, As we see it in the Secretary of State for Trade, the Trade & Cooperation Agreement is a **very good agreement**, with commitments that go far beyond those ever reached in any other FTA signed by the EU with a third country. Therefore, the Agreement constitutes a good basis for the relationship from now on with a partner of the relevance of the UK. However, we should not forget that, no matter how good or ambitious the agreement is, it would always suffer from the **limitations inherent to all FTA**.

In no case, an FTA will match the level of economic integration of the Customs Union and the EU Single Market, which constitute the most advanced economic integration process that currently exists in the world and that has brought so many benefits to its member states. Therefore, the transition from the Customs Union and Single Market model to the Free Trade Area **automatically entails a deterioration in the conditions of reciprocal access to the respective markets and the irremediable appearance of barriers to trade** with their associated costs, as companies and professionals are already experiencing.

With this in mind as a starting point, let me outline the main achievements under the Trade and Cooperation Agreement.

IV. CONTENT OF THE AGREEMENT

1. Trade in goods: rules of origin and regulatory matters

With regard to trade in goods, as I have already mentioned, the Agreement stablished the **total absence of tariffs and quotas**, complemented by ambitious provisions on **customs cooperation and trade facilitation** that go beyond the WTO Trade Facilitation Agreement.

This does not avoid, on the other hand, the application of **customs procedures** and compliance with rules of origin, which are essential in any FTA, given that the absence of tariffs only applies to products originating in the parties.

With regard to the **rules of origin**, we consider that a **good balance** has been met between the flexibilities requested by the UK and the need to protect our internal market. The Agreement provides for **full bilateral cumulation**, i.e. of both materials and industrial processes, which should facilitate an integration of the economies as it existed before Brexit.

However, in the interest of the EU and Spain, **extended cumulation** to third countries has not been accepted. This affects the business model of many companies that use inputs from third countries in their value chains that do not acquire EU origin in accordance with the specific rules set out in the Agreement.

Regarding the **proof of origin and its verification**, the Agreement allows for two possibilities: the normal procedure of self-certification by the exporter registered in REX and the “importer’s knowledge” (the importer takes responsibility for the origin). This second formula should facilitate the procedure in companies that are based on both sides and where there is a certain trust between exporter and importer that allows sharing information on the origin of the components.

There are **product-specific rules that are more flexible** than the standard EU rule for some products, such as canned fish, plastics, and certain machines. Although there are sensitive products such as canned tuna and aluminium derivatives that have derogations with more flexible rules, this is within certain quotas, which work both ways. There are also derogations in rules for automobiles (electric and hybrid) and accumulators and batteries, but limited temporarily until the end of 2026, which is positive for the EU and Spanish automotive sector.

On the other hand, in **regulatory matters**, the Agreement includes ambitious chapters within the bounds of what is possible in this type of agreement, always bearing in mind that **the parties maintain their right to regulate**.

Here we can refer to two areas, Sanitary and Phytosanitary aspects (SPS) and Technical Barriers to Trade (TBT).

On **SPS**, the **overall assessment is positive**. SPS provisions are very relevant to Spain, since 1/3 of our trade in goods concerns the agri-food sector. The specific SPS chapter of the Agreement builds on the principles of the WTO SPS Agreement, reinforcing the commitment to compliance.

It includes cooperation on animal welfare and antimicrobial resistance and, as a novelty, also on sustainable food systems and production. Positive aspects such as the reduction of administrative procedures to the minimum necessary, the treatment of the EU as a single entity, the recognition of the current sanitary and phytosanitary status, and the non-incorporation of new requirements with respect to those already existing at the end of the transitional period stand out.

It would have been desirable for Spain a more ambitious agreement in the recognition of equivalence for SPS measures. However, the agreement foresees the possibility for the Parties to make progress in this area.

The provisions included on regionalisation, including cooperation on compartmentalization, are positive, as they take the concept of regionalisation to another, more science-based (less protectionist) level. Of course, all imported food will still have to comply with EU sanitary and phytosanitary standards, which are non-negotiable with any third country, nor the UK, and will not change under the Agreement.

With regard to **technical barriers to trade**, provisions under the Agreement also build on WTO provisions, reinforcing the obligations of the Parties and the commitment to rely on international standards to develop technical regulations. We can highlight as positive the intention to collaborate and exchange information through the respective product alert systems in order to achieve greater safety for consumers.

The agreement also includes:

- the recognition of the manufacturer's declaration used for product conformity assessment, if already in place, and
- the possibility of mutual recognition agreements and approximation on marking and labelling rules.

We very much welcome the specific annexes for the automotive, chemical, pharmaceutical, organic products and wine sectors with the aim of bringing regulations, equivalences or recognition of each other's inspections closer together.

This does not prevent, once again, all UK products entering the EU from having to comply with EU rules.

2. Trade in services

As for trade in services, the **assessment of the achievements of the agreement is also positive**, bearing in mind that the facilities provided by the agreement will never reach the benefits of the single market. Given the significance of Spain-UK trade in service flows, we payed a special attention to this Chapter during negotiations.

The agreement includes Market Access commitments for almost all services sectors, and contains a number of National Treatment obligations in these sectors. Clearly, neither the level of Market Access nor National Treatment corresponds to what exists within the Internal Market.

However, the Agreement includes a very interesting clause, **a forward-looking Most Favoured Nation clause** that allows for the capture of the benefits that the UK gives in the future to service providers from third countries (excluding financial services).

The outstanding sectors for Spain committed in the Agreement are the followings:

- **Temporary mobility of natural persons for business purposes, known as Mode 4.** Bearing in mind that, prior to this agreement, we started from a situation of total liberalisation in the mobility of persons, we must assess the agreement in comparison with other agreements between the UK and its trading partners.

  From this perspective, we can say that the **UK has presented better conditions to the EU than to other partners.** The assessment of the EU's openness is similar to that of the most ambitious free trade agreements we have made, such as CETA and Japan. In this Agreement, commitments have been reached in 5 categories that can be divided into two large groups: those linked to investment (Business visitors for investment purposes and intra-corporate transfers (ICT)) and service suppliers (Contractual Services Supplier and Independent Professionals). In addition, it allows access to spouses and children accompanying ICTs. UK also allows family members to work without changing the type of visa/authorisation.

- Mode 4 is complemented by provisions on **mutual recognition of professional qualifications**. In particular, the Agreement includes an article allowing for agreements to be reached between the Parties, taking into account recommendations from organisations and authorities, in certain sectors, which are then submitted to the Association Council, eventually becoming a binding commitment. However, as a novel element, mutual recognition agreements in regulated professions can be reached between the EU and the UK without the need for agreement between professional organisations. Technical level meetings are being held in order to streamline the procedure and define its practical implementation.

  The results in Mode 4 and recognition of professional qualifications are of special relevance for Spain, given its implication for the public procurement market in the UK, where Spanish companies have an outstanding position and significant interests. Consequently, to facilitate the movement of professionals between the two countries, especially for the development of public projects, is of utmost importance for us.

- In **digital trade**, the Agreement includes for the first time commitments on data flow, including the non-imposition of localisation requirements. With regard to personal data and privacy, the right to regulate is maintained, but under the principle of non-discrimination. In this respect, the Agreement includes a transitional period until June 2021 to allow time for an adequacy decision to be reached[2].

- On **transport**, it is generally welcomed that the Agreement allows for a continuity of connectivity in all modes of transport, although market access is much less than what is offered by the single market.

  Provisions are also included to ensure that competition between EU and UK operators takes place under the same competitive conditions, so that passenger rights, workers' rights and safety conditions are not undermined. New in the Agreement, EU investors are allowed to own UK-flagged vessels, giving them access to a wide range of activities such as fishing and transport.

- In **financial services**, there are still important issues to be resolved in order to reach a proper bilateral relationship. Positions were quite far apart in the negotiation, and the agreement has reached a middle ground that will evolve over time, based on the definition of a Memorandum of Understanding and possible Equivalence Decisions.

  The Most Favoured Nation (MFN) clause and the review clause have been excluded, so all indications are that the UK will move towards regulatory divergence.

  A financial cooperation statement has been made indicating that a regulatory cooperation structure will be established, including an exchange of analysis on regulatory initiatives, as well as dialogue and transparency on equivalence decisions. In general, coordination and cooperation in international financial bodies will be promoted. In March 2021, the EU and the UK committed to agreeing a Memorandum of Understanding. This

---

2 The adequacy decision was reached on 28.06.2021. Since its adoption, the flow of personal data remains free, without restrictions for four years. After this period, the adequacy decision can be renewed if the Commission considers that the adequacy level of protection can be guaranteed.

Memorandum would set up the framework for this regulatory cooperation structure. However, no agreement on this matter has been reached yet, and negotiations are still taking place. Both the EU and the UK have adopted some **Equivalence Decisions**, being some of them still pending. So far, the Commission has mostly focused on market infrastructures in order to avoid disruptions in the EU financial markets. Regarding the pending ones, the European Commission has indicated that there will not be a general decision, but that priority will be given to the activities that have the greatest impact. No further adoptions of Equivalence Decisions are expected until the Memorandum of Understanding is agreed and in force.

In conclusion, **the agreement in the field of services is regarded as positive**, as it is ambitious on a par with the most ambitious agreement to date, the agreement with Japan, with some differences that improve it.

In addition, the Agreement includes a **review clause** that allows improving commitments in this area in the future. This review applies to the entire chapter on trade in services and investment, among other agreements. Given the importance of trade in services between Spain and the UK, the inclusion of a review clause is very positive for our interests and thus takes into account possible regulatory divergences that could hinder our bilateral trade in services.

3. Data flow, Public procurement and Intellectual Property

There is also included in the digital trade chapter a review clause three years after the entry into force of the Agreement to assess the commitment on cross-border data flow.

Another great result in our view are the agreed provisions on **public procurement**, as they will largely maintain access for companies to the Parties' public procurement market, transparency of tendering procedures and benefit contracting authorities through increased competition.

The Agreement contains some of the most ambitious provisions on public procurement ever signed by the EU. It goes well beyond the commitments made under the World Trade Organisation (WTO) Government Procurement Agreement (GPA), to which the UK acceded on 1 January 2021.

EU companies will be able to participate on an equal footing with UK companies in procurement-related tenders covered by the Agreement and vice versa. However, the GPA+ coverage of the Agreement is less far-reaching than the previous coverage under the three public procurement directives in force in the EU market.

In the field of **intellectual property**, the Agreement complements the existing international multilateral legal framework with specific and more detailed rules on the enforcement of intellectual property rights.

Under the Withdrawal Agreement as of 31 December 2020, EU **Geographical Indications** registered and, therefore, legally protected on EU territory will enjoy the same level of protection in the UK as they do under EU law.

Spain would have welcomed provisions for the registration of new GIs. Those future EU GIs, from 1 January 2021 will have to be registered in the UK under UK law.

4. Level playing field and dispute settlement

One issue that has been at the centre of the negotiations is the **Level Playing Field (LPF)** aspects.

The Agreement counts on provisions that invite to optimism about maintaining a level playing field between the EU and the UK on subsidies. Commitments in this field include principles on subsidies, transparency, the creation of an independent national authority to monitor the subsidy regime, the obligation to repay illegal subsidies, the possibility of applying countervailing measures prior to arbitration, and the subjection to the general dispute settlement mechanism, with exceptions.

The inclusion of **non-regression of standards in labour, social, climate and environmental matters** is positive, so it is the incentive to maintain the same level of standards derived from the possibility of taking "rebalancing measures". These measures include the possibility of imposing tariffs or revising the agreement ahead of time, without the need for a prior arbitration panel in the event of significant divergences that affect trade or investment between the parties in a way that changes the circumstances that formed the basis for the conclusion of the agreement.

The Agreement also provides for a horizontal **dispute settlement mechanism**[3], to which I will not refer after the interesting and thorough full analysis of Elisa Baroncini.

5. Fisheries

Finally, let me please highlight the achievements in the field of **fisheries**, where the Agreement contains specific provisions outside de scope of the FTA, but still very relevant for Spanish commercial interests and in the overall dynamic of the entire negotiations.

Under the agreement, EU fishing vessels maintain the level of access to UK waters for 5.5 years, until 30 June 2026. After that period, there will be a cession of 25% of the value of European catches to UK compa-

---

3 Provisions of this Chapter are applicable to all but 10 provisions of the Agreement (most notably the right to regulate and some LPF provisions.
The applicable measures could be the imposition of tariffs on goods (cross-suspension), including in cases of non-compliance with social security, transport or fisheries obligations. These measures can be appealed to the same arbitration tribunal of the agreement that examined the dispute.
In the case of LPF or fisheries provisions, there are specific mechanisms to enforce their provisions, such as the immediate suspension of obligations.

nies and there will be annual negotiations on access and the volume of fish that one party can catch in the other's waters.

On 2 June 2021, the European Commission reached an agreement with the UK on the setting of the final fishing quotas (TACs) for 2021[4]. The compromise guarantees the fishing rights of the EU and UK fleets in each other's waters until the end of 2021.

V. IMPLEMENTATION OF THE AGREEMENT: RESULTS SO FAR

According to the available bilateral trade data, at the beginning of the year 2021 there were very significant drops in trade with the UK. However, they were influenced by multiple factors beyond Brexit itself, such as the stockpiling that took place in the last months of 2020, customs controls and alterations in logistics motivated by the end of the transitional period, the strict lockdown in the UK in January or the snow storm that paralyzed communications in Spain for several days at the beginning of the year. Nevertheless, as 2021 progresses, trade in goods and services between Spain and the UK is gradually recovering, although there are still difficulties in the catch up with imports of goods.

It must be taken into account that the decision of the UK to leave the European Union entails a series of adjustments derived from the change in the framework of trade relations between the EU and the UK. The pass-through from the Customs Union and the Single Market scheme to a Free Trade Area automatically implies a reciprocal market access degradation and the irremediable appearance of barriers to trade, such as the increase in border controls and the associated management costs and, in general, greater uncertainty in operations.

Moreover, the costs and complexities for both importers and exporters have not yet fully arose, since the UK decided to delay the introduction of phased border controls on imports of agri-food

---

4 On 29 July, the EU Council adopted a regulation to replace the provisional total allowable catches (TACs) and quotas between the EU and the UK with the final figures for 2021 for fish stocks under shared management.

products. Although these delays give traders some breathing space, it is essential to be prepared for when the UK implements these controls in full in 2022.

However, the Trade and Cooperation Agreement reached between the EU and the UK aims to mitigate these trade barriers and provides an adequate basis for the commercial relationship with a partner of the UK's relevance for Spanish companies. This agreement includes commitments that go beyond those ever reached in any other FTA signed by the EU with a third country.

We are now in the initial stage of implementation of this Agreement, in which it is normal for frictions to arise due to the changes. Adjustment to the full implementation of the Trade and Cooperation Agreement will still take some time. In this sense, both EU and UK authorities and private trade operators are making great efforts and dedicating many resources to make this adjustment as smooth as possible. These efforts have been very fruitful insofar as they have made it possible to keep the number of frictions at reasonable levels taking into account the abrupt regime change occurred since last January 1st.

REMARKS ON THE TRADE RELATIONS OF THE US TO THE EU-UK, THIRD COUNTRIES AND THE WTO: FROM 2021 ON

GARY N. HOLICK*

The most important trade development to date in 2021 is the replacement in the U.S. of the Trump Administration by the Biden Administration.

The **Biden Administration's domestic priorities—all with significant trade aspects**—are:

- Climate change (with subsidies, "buy national" protection – according to Biden, within WTO rules)
- COVID and economic recovery/rebuilding (and more Buy America(n))
- Progressive policies (economic, gender, and racial inequality, human rights, labor rights, and more—to be incorporated in trade agreements/arrangements)
- China (and a plethora of trade issues) – to be pursued with allies, unlike Trump.

As to the **timing**, throughout the campaign, and reinforced by Biden on 2 December, was the caution that trade agreements will have to wait until steps have been taken to "build better" the U.S. economy. That said, the signing of RCEP, the start of negotiations by the UK (the world's fifth

* Lawyer. Visiting Lecturer, Yale Law School.

largest economy) to enter the CPTPP, and possible completion of the EU-China agreement seem to remind everyone that the U.S. has fallen behind at least in China, the UK and the EU in achieving market access in world markets.

The relevant names (**who**) lead us to Katherine Tai, the new US Trade Representative. She worked at USTR in the General Counsel's office before becoming the Chief Trade Counsel for the House Ways and Means Committee. It is likely that Brian Deese, Director of the National Economic Council, or Jake Sullivan, Director of the National Security Council, will be involved in major trade issues, especially with China.

The covid-19 pandemic of 2020 poured fuel on the mounting protectionism that preceded the virus. It is worth **recalling that, going into the 2016 US** presidential election season, the United States was completing large, well-thought-out trade agreements with a good part of Asia (the Trans-Pacific Partnership (TPP)) and the European Union (the Transatlantic Trade and Investment Partnership (TTIP)), both of which would have massively benefited the United States. The European Union was negotiating free trade agreements (FTAs), since completed, with Japan and Vietnam (two large TPP members) and Mercosur (the countries have announced an agreement but the agreement is not complete). Protectionist manipulation of trade remedy law (antidumping and countervailing duties, and safeguard duties and quotas) was increasing in 'free traders' such as the United States and European Union, nominally targeted at China but already applied to such 'unfair traders' as Australia and Canada, etc., as well as US and EU exporters by other countries, notably including retaliation by China. President Trump himself credited his attacks on the North American Free Trade Agreement (NAFTA) and other trade agreements with his 2016 electoral victory—instead, it was, ironically, Democratic-leaning trade unions that powered 20-years' worth of attacks on NAFTA.

In January 2017, on President Trump's first day in office, he withdrew the United States from the TPP (in January 2018, he stated that the United States should rejoin it—only to reverse course). Only intense lobbying by US business and, especially, US farmers and ranchers, kept

President Trump from withdrawing the United States from NAFTA on the same day. That lobbying started a tumultuous year in US trade policy, with lots of threats of import tariffs, expanded 'buy American', repeated threats of NAFTA withdrawal, the (very small) Korea–US agreement and the beginning of the Trump administration's drive to destroy binding dispute settlement in the WTO, among other things. All of this was accompanied by numerous false (in retrospect) alarms and reversals and relatively little action. The one clear theme of President Trump's trade policy (which was neither shared by most of the US Congress nor more than 95 per cent of US business and agriculture is that: 'anything sold in the United States should be made in the United States.' This approach is part of rose-tinted nostalgia for an imaginary 1960s America when President Trump and his closest trade advisers (Wilbur Ross, a former steel company owner and vice-chairman of the Bank of Cyprus; Bob Lighthizer, a former steel company lobbyist; Dan DiMicco, a former steel company executive; and Peter Navarro, a professor of the University of California at Irvine) were young men.

The first concrete step in such an 'America First' policy was a 25 per cent 'national security' tariff on steel under section 232 of the US Trade Law, with a similar 10 per cent tariff on aluminium. No one believed that imports from Canada—the largest exporter of both products to the United States—was a threat to national security, as Canada and the United States have had closely coordinated defence planning and production for 80 years, and President Trump himself and his officials openly flaunted the flimsiness of the claim, which is currently being challenged by numerous US allies before a WTO panel. Steel is less than one-tenth of one per cent of US employment, and the Defence Department stated publicly that it only needed 3 per cent of US production. Many countries imposed retaliating tariffs on US exports, especially agricultural. President Trump and his team threatened section 232 tariffs on cars and car parts, uranium and titanium, but no duties were imposed, perhaps because of fear of retaliation (the steel tariffs hit users and exporters in the vast majority of congressional districts, especially agricultural ones). With mid-term elections looming in 2018, the time came to attack China, a target of

President Trump and Bob Lighthizer for many years. US businesses dealing with China had begun expressing concern about actions by Chinese governments perceived as unfavourable, focusing especially on allegations of coerced technology transfer, competition with subsidised state-owned enterprises, and a variety of discriminations against operations in China. China contested these claims and noted the vast array of subsidies in the United States. By the end of 2019, President Trump imposed additional tariffs on almost all Chinese exports to the United States, and China had retaliated against nearly all the (smaller amount of) US exports to China – while lowering many of its most-favoured-nation tariffs on other countries (many of which are silently enjoying the added tariffs on US competitors). A 2020 survey of U.S. businesses operating in China—the supposed beneficiaries of Trump's trade war—showed 6 per cent finding a net benefit from this trade war, and 36 per cent—a plurality—found it a net negative.

Meanwhile, the European Union has completed FTAs with Japan (the world's fourth-largest economy) and Vietnam, and a high-level agreement to an FTA with Mercosur (Argentina, Brazil, Paraguay, Uruguay and Venezuela (suspended) —the world's sixth-largest economy), an agreement with the United Kingdom (the world's fifth-largest economy) and an investment-plus agreement with China, the world's third-largest economy, not yet approved by the European Parliament.

The **United States began lagging far behind** under President Trump, unsurprising given his stated preference for small bilateral trade deals when and with whom the United States chooses—as in times past.

NAFTA was replaced by the United States–Canada–Mexico Agreement, with no significant gains for US business or agriculture except for a sigh of relief by the US economy that NAFTA had not ended, and an increase in US dairy exports to Canada from the TPP level of 3.25 per cent to the USMCA level of 3.59 per cent, with a concomitant increase in Canadian dairy exports to the United States, and the withdrawal of the WTO—illegal Sec. 232 tariffs on steel and aluminium in return for the end of the Mexican and Canadian retaliating tariffs which included $1.4 billion on U.S. dairy exports. The much-touted future increase in US car production is predicted by the US International Trade Commission to lead to a slight reduction of vehicle assembly employment in the United States.

The US–Japan Phase I deal in 2019 included approximately TPP-levels of access to Japan for several important US agricultural exports—but not much else for US exporters and nothing in Brunei, Malaysia, New Zealand, Vietnam or the other TPP countries with which the United States has an FTA.

A US–EU deal is yet to materialise. The Trump Administration imposed large WTO-authorised duties on exports in retaliation for Airbus subsidies, virtually guaranteeing EU retaliation for Boeing subsidies (not counting the additional US$17 billion voted for Boeing in the covid-19 aid package). The US and EU (and UK) have suspended the offsetting tariffs and are expected to eliminate them at some point and probably the Sec. 232 steel and aluminium tariffs on EU exports were eliminated but replaced by quotas on EU steel exports to the US (as in 1969-75 and the 1980's).

The US–China Phase I deal contained some well-negotiated elimination of Sanitary and Phytosanitary Measures or Technical Barriers to Trade barriers to US agricultural exports, notably the non-science based (and WTO-inconsistent) bans on US beef and poultry, but the alleged promises of a US$200 billion guaranteed increase of US exports look unlikely in light of the lingering effects of the covid-19 crisis.

The Trump Administration had announced its intent to negotiate an FTA (but never followed through) in 2020 with Kenya, which presumably will be busy with the new African Continental Free Trade Agreement, and with the United Kingdom; but both must now wait for Congressional renewal of trade negotiating authority for the President.

During the past five years, the high-level political noise about trade was overshadowed by the positive developments at a working level. **At the multilateral level, WTO** governments, WTO Director-General Roberto Azevêdo and the WTO Secretariat worked hard to produce results in December 2015, at least in agriculture (with a possible ban on some agricultural export subsidies) and tariffs on electronics goods (Information Technology Agreement II, even including some items for ordinary consumers), at the WTO Ministerial Conference in Nairobi, and made some progress in Buenos Aires in December 2017. The WTO system is still dogged by the collapse of the Doha Round in Geneva in 2008, with chillingly familiar references to 'special safeguard mechanisms', 'special products', 'special treatment' and so on. And even with successful efforts on agriculture and tariffs, it leaves behind important work from the Doha Agenda to moderate the trade-diverting or protectionist effects of preferential trade agreements (PTAs), agricultural subsidies, anti-dumping measures and other rules (where progress so far has been blocked by the United States, its protectionist steel and other import-competing industries and their allies within the US Administrations and Congress), and much else. That left fishing subsidies as a topic for the December 2017 Ministerial Conference in Buenos Aires, where a little progress was made with a possible agreement being reached in 2021 at the Ministerial Conference scheduled for but then suspended by covid.

Plurilateral agreements being negotiated within or alongside the WTO most notably include the Trade in Services Agreement (TISA), where significant drafting progress has been made but significant disagreements remain at the completed agreement on regulation of services. Perhaps the most notable aspect of TISA is that following its fierce denunciation after its launch by the BRICS countries (Brazil, Russia, India, China and South Africa), China, more than a year ago, asked to join, in effect stating that it was no longer a BRIC country and preferred to be tied to the economies represented in TISA (and, notably the then-TPP and TTIP) rather than its fellow BRICS. Other plurilaterals within the WTO include the ongoing attempt to negotiate rules for a digital economy and lower tariffs on environmentally desirable goods. These could be re-invigorated by the Biden administration working with the EU, UK and countries seeking progress on climate change and on a digital economy agreement.

The most significant **regional agreements** are the somewhat overlapping Comprehensive and Progressive Agreement for Trans-

Pacific Partnership (CPTPP) and the mega-regional Regional Comprehensive Economic Partnership, signed in late 2020, which includes substantial liberalisation (among China, Japan, and Korea especially). India withdrew in 2019 and China decided to proceed without India.

CPTPP, which includes 11 countries, collectively representing more than 20 per cent of world gross domestic product (GDP), went into effect on 30 December 2018. CPTPP includes a novel attempt to move beyond traditional PTAs, including an initial start on regulatory cooperation, some possibly helpful language encouraging limitations and exceptions on intellectual property necessary for the operation of the internet, and what looks like a functioning dispute settlement system. After President Trump withdrew the United States from January 2017, Chile organised a meeting in March 2017 where the remaining 11 TPP countries decided to explore ways to move forward, leading to signature in late 2017 and ratification by most members with entry into force in 2018. The Africa Continental Free Trade Agreement, signed in 2020, could also become an important collaboration for economic growth.

More important, perhaps, will be whether other countries join the CPTPP, including Korea, Columbia, Costa Rica, South Korea and even the United Kingdom after Brexit, and eventually the Philippines, Thailand and possibly even Taiwan and Indonesia—although the last two may be delayed for different reasons. With all those countries as members, the TPP would have more than 40 per cent of the world's GDP, once the United States joins in a few years. China has recently begun technical meetings with CPTPP to possibly join.

To that must be added the impact of the current US–EU negotiation. Earlier negotiations of a Trans-Atlantic Trade and Investment Partnership (TTIP) started in 2012. The TTIP looked like it could go well beyond any prior PTA in areas such as regulation and regulatory cooperation, and also in terms of major changes in the traditional model of investor–state dispute settlement, but the Trump Administration ended it in 2017, before beginning more limited talks in 2019. (In

2018, President Trump and the then European Commission President Jean-Claude Juncker agreed to limit the talks to non-automotive industrial tariffs and limited regulatory cooperation.) Like the CPTPP, the completion of US–EU talks could force its near neighbours to try to join, probably including Norway, Switzerland, Turkey and Ukraine (all of which would be disadvantaged by having to meet US competition in the European Union while being at a disadvantage to EU exporters in the United States). Added up, the CPTPP with the United States joining, plus an EU–US FTA and all the countries that would have to join, would exceed 70 per cent of the world's GDP. That could lead China to engage, without the rancour and tariff wars of the current US–China trade war.

WTO dispute settlement has been active too. Perhaps the most significant group of cases has involved:

- safety and standards issues;
- important compliance cases in the Boeing-Airbus dispute;
- the cases against Russia, the United Arab Emirates and the United States on national security measures; and
- numerous trade remedy cases.

An Appellate Body (AB) decision in 2020 rejected the WTO challenge to Australia's requirement for plain-packaged cigarettes by the remaining plaintiff governments (Cuba, the Dominican Republic, Honduras and Indonesia), following Ukraine's departure from the case, which Australia had won at the panel level. This decision could apply to a very wide range of government regulatory activity.

The WTO Dispute System Settlement Understanding has, in effect, created an impressive-looking machine for generating normative judgments (perhaps now sabotaged by the successful US move to 'fire' (block reappointment of) AB judges for disagreeing with the US Trade Representative's views (crucially undermining notions of independence), while being unable to enforce them against large countries in any commercially meaningful period. WTO governments certainly perceive that they can get away with this in national trade remedy decisions, as the solar panel wars show. China, the European Union, India and the United States all heavily subsidise solar panel production to get the cost of solar panels to a point of commercial viability—that is, equal to or lower than natural gas (a task made more challenging by the long term decline in fossil-fuel prices and US threats to impose tariffs or price increases through a government cartel), while simultaneously putting up trade barriers to eliminate competition with their local solar equipment producers (around two-thirds of all EU antidumping duties are applied to renewable energy). All openly calculate that they can 'get away with it' for three or four years of WTO litigation with no obligation to repay any illegally collected duties—a period long enough in modern business terms to effectively terminate trade; particularly in a fast-moving industry such as solar energy.

How will the covid-19 pandemic affect all of this? Until vaccinations or cures are widespread, any projections are speculation. International trade initially was greatly reduced (by reduction in demand) but then increased overall by the end 2020. Disturbingly, beggar-thy-neighbour behaviour has already manifested itself, with numerous countries (including both the European Union and the United States) initially trying to control exports of food, medical equipment or all of those, and the U.S. and UK at first stopped exports of covid vaccines, eventually joined by India, while the EU maintained exports. The WTO has also been the forum for considering whether compulsory licensing of government use of covid vaccine patents should be permitted.

To **conclude**; the covid pandemic hit international trade hard in early 2020, but it recovered well, although supply chains problems and cargo containers are still scattered around the world. The WTO seems likely to remain the central point in international trade policy, bolstered by the Biden Administration's desire to work with allies—without lowering its "American Workers First" focus. FTA's will flourish in parallel, with great interest in CPTPP, RCEP, AfCFTA, NAFTA, the EU's deals with Mercosur and China, and the new agreements sought by the UK.

GRACIAS POR CONFIAR EN NUESTRAS PUBLICACIONES

Al comprar este libro le damos la posibilidad
de consultar gratuitamente la versión ebook.

Cómo acceder al ebook:

- **Entre en nuestra página web,** sección Acceso ebook (www.dykinson.com/acceso_ebook)
- **Rellene el formulario** que encontrará insertando el código de acceso que le facilitamos a continuación así como los datos con los que quiere consultar el libro en el futuro (correo electrónico y contraseña de acceso).
- Si ya es **cliente registrado**, deberá introducir su **correo electrónico y contraseña habitual**.
- Una vez registrado, **acceda a la sección Mis e-books de su cuenta de cliente**, donde encontrará la versión electrónica de esta obra ya desbloqueada para su uso.
- Para consultar el libro en el futuro, ya sólo es necesario que se identifique en nuestra web con su correo electrónico y su contraseña, y que se dirija a la sección Mis ebooks de su cuenta de cliente.

CÓDIGO DE ACCESO

DYK044030

Rasque para ver el código

Nota importante: Sólo está permitido el uso individual y privado de este código de acceso. Está prohibida la puesta a disposición de esta obra a una comunidad de usuarios.